# MÁS QUE POSTHUMANO, TRANSHUMANO

ASUNCIÓN HERRERA GUEVARA

# MÁS QUE POSTHUMANO, TRANSHUMANO

Diseño de cubierta:
Carlos Lasarte

© Asunción Herrera Guevara, 2024
© EDITORIAL TECNOS (GRUPO ANAYA, S. A.), 2024
C/ Valentín Beato, 21 - 28037 Madrid

PAPEL DE FIBRA
CERTIFICADA

ISBN: 978-84-309-9203-4
Depósito Legal: M-22155-2024

*Printed in Spain*

# ÍNDICE

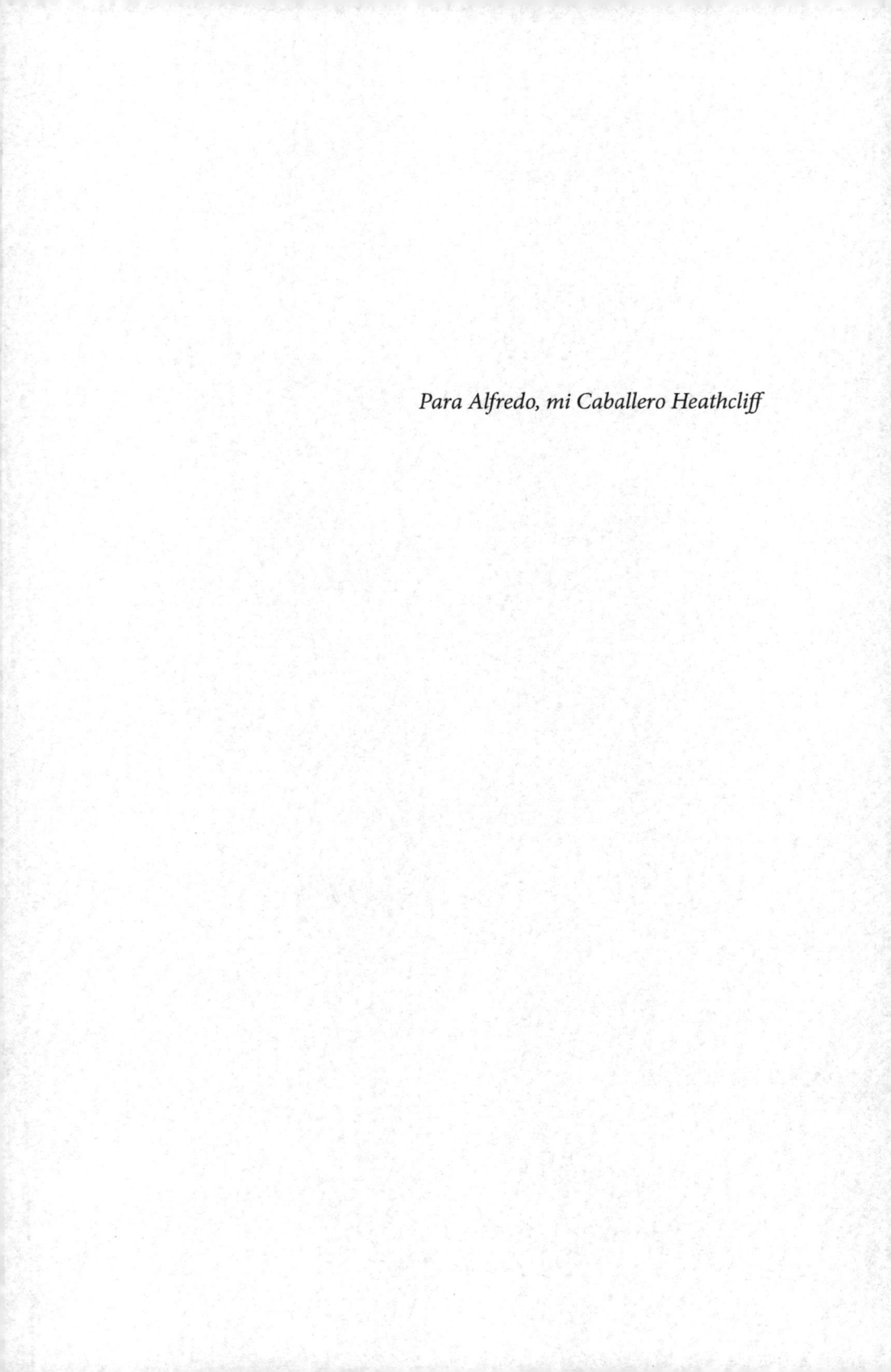

*Para Alfredo, mi Caballero Heathcliff*

# RECONOCIMIENTOS

No quisiera comenzar el libro sin el reconocimiento expreso a dos proyectos de investigación en el que se inscribe: esta publicación es parte del proyecto PID2021-123454NB-C41 financiado/a por MICIU/AEI/10.13039/501100011033; e igualmente se inscribe en el proyecto «Deberes éticos en contextos de desastres» de la Fundación BBVA, a quien doy las gracias por su apoyo.

Igualmente, quisiera reconocer que el apartado dedicado a la novela *La Tierra permanece*, presente en el capítulo primero, se publicó con anterioridad en un artículo de *Araucaria* n.º 49 (2022) con el título «¿Justicia en la tierra y para la tierra?». Y la sección tercera del capítulo segundo apareció publicada en la Revista *Isegoría* n.º 67 (2022) bajo el título «El biomejoramiento moral y su relación con la ética y la justicia».

# INTRODUCCIÓN

En junio de 2020, en plena pandemia de COVID-19, publiqué mi libro sobre bioética titulado *Bioética postsecular e interespecífica: ciencia, ética y cultura en el siglo XXI*. No se trata de un manual de bioética, en esta obra pretendía, sobremanera, mostrar al ciudadano y a las instituciones del siglo XXI las herramientas que pueden tener a su alcance cuando se trata de resolver un dilema bioético. El libro en cuestión no pudo abarcar todos los tópicos centrales que nos plantea la bioética. Uno que no pudo ser examinado en ese libro, pero que considero crucial para entender el desarrollo científico y tecnológico actual y sus dilemas éticos asociados, es el tema del transhumanismo.

En esta obra presento una reflexión ética y política sobre el transhumanismo. Alguien podría objetar que no es un tema tan acuciante como lo planteo. Una tal afirmación sería precipitada. Aduciré varios argumentos que justifican la necesidad de revisar un tópico como el examinado en esta obra.

Desde el punto de vista científico y tecnológico, no estamos viviendo una época normal. Estamos en un momento nuevo donde el desarrollo de las nuevas tecnologías llamadas por el acrónimo NBIC (nanotecnologías, biotecnologías, informática y cognitivismo en relación con la inteligencia artificial) nos obligan a plantearnos nuevos retos éticos y políticos. Nos enfrentamos a un tipo de ciencia y tecnología que bien pudiera denominarse *posnormal*. La cuestión de la cultura científica y tecnológica posnormal abarca un extenso debate desde la década de los noventa con los trabajos de Funtowicz y Ravetz. En el presente es preciso reconceptualizar estos términos, con la pretensión de alcanzar una caracterización teórica acorde con los acontecimientos que se suceden y con el tipo de sociedades en las que vivimos. El tema no es exclusivo de un ámbito específico del conocimiento, sino que es un claro ejemplo de transversalidad. La ciencia y la técnica ejercen influencia en lo social, lo económico y lo político hasta tal punto que interfieren constantemente en las decisiones más importantes de las sociedades; más aún, podríamos decir que influyen y deciden nuestra toma de decisiones. Desde la Segunda Guerra Mundial debemos decidir qué tipo de ciencia y de técnica queremos practicar. En sociedades actuales donde «los hechos son inciertos, hay valores en disputa, los riesgos son altos y las decisiones urgentes», decidir qué tipo de ciencia y de tecnología es la que debe dar respuesta a esta nueva situación es vital y necesario. Los modelos tradicionales de ciencia y tecnología no nos valen; de ahí la denominación de *posnormal*. En esta misma línea de rechazo a los estereotipos pasados, la ciencia y la tecnología no son un mundo de hechos aislados de los valores. La crítica a la *neutralidad valorativa de la ciencia* se ha hecho más necesaria en nuestros actuales contextos. La ética y la bioética han de ser vistas como una reflexión filosófica capaz de establecer un puente entre las ciencias y las humanidades, tal y como lo vio Potter en su obra de 1971 *Bioética, un puente hacia el futuro*. Ante hechos inciertos —valores en disputa y riesgos altos— la reflexión ética es urgente y debe yuxtaponerse a la ciencia y a la tecnología posnormal. La crisis medioambiental, los derechos de los animales no humanos, el desarrollo de la inteligencia artificial o las propuestas del transhumanismo tecnológico hacen necesario constelar la nueva ciencia con los nuevos valores sobre los que reflexiona la ética y la bioética. La vulnerabilidad pasa a ser uno de los valores fundamentales que deben modular la reflexión sobre la ciencia y la tecnología posnormal. El ciudadano se siente vulnerable ante un desarrollo exponencial de las NBIC que en ocasiones no entiende y que, por supuesto, no puede controlar. La vulnerabilidad no es buena compañera de la justicia. Cuanto más vulnerables somos más fácilmente se nos puede dominar. Ante estos hechos han surgido, desde el propio espacio tecnológico, movimientos ciudadanos que llaman a la *soberanía tecnológica* (ST). La socióloga, e investigadora de las tecnologías para el bien común, Alex Haché en «Soberanía Tecnológica» nos hace una definición en analogía con la definición de soberanía alimentaria. Definición que comienza de la siguiente manera: «La soberanía alimentaria es el derecho de los pueblos a alimentos nutritivos y culturalmente adecuados, accesibles, producidos de forma sostenible y ecológica, y su derecho a decidir su propio sistema alimentario y productivo»[1]. Para entender lo que significa la ST, la autora nos propone que cambiemos los términos y donde ponga alimentaria pongamos tecnológica o donde ponga alimentos, pongamos tecnologías. Con esta definición de ST quiero esbozar en esta introducción, precisamente, mi preocupación por el tipo de proyectos tecnológicos por los que apostamos. Intentaré mostrar, a lo largo de la obra, que

---

[1] HACHÉ, A., «Soberanía Tecnológica» en HACHÉ, A. (ed.), *Soberanía Tecnológica*, Dossier Ritimo, 2014. https://www.ritimo.org/IMG/pdf/dossier-st1-es.pdf

necesitamos proyectos culturalmente adecuados, accesibles, producidos de forma sustentable (término que explicaré por qué es más adecuado que *sostenible*) y ecológica; en definitiva, mi propuesta irá encaminada a defender proyectos tecnológicos y biotecnológicos que cumplan con estos requisitos y que, en definitiva, se enmarquen en una idea de justicia —donde lo interespecífico ocupa un papel relevante— que iré definiendo y postulando a lo largo de estas páginas. Si apostamos por este tipo de proyectos, es decir, proyectos que respetan los parámetros señalados y la idea de justicia que expondré, entonces podremos proteger a los más vulnerables de ser dominados. Como se verá en la exposición de mis ideas, esta vulnerabilidad que hay que proteger no solo se da entre los humanos, sino que hemos de percatarnos del daño y del sufrimiento que estamos generando a los demás seres vivos.

Mi objetivo central es constelar la reflexión ética con la ciencia y la tecnología posnormal. No se trata de añadir una reflexión ética a las cuestiones de la ciencia y la tecnología, la idea es que no podemos hablar de ciencia y tecnología posnormal sin la reflexión ética. Otro objetivo será mostrar cómo los nuevos valores de la ética son necesarios para resolver los dilemas que nos plantea la ciencia actual. De igual modo que la ciencia arrincona mitos como la *neutralidad valorativa*, la ética del siglo XXI rechaza dualismos y acepta, en su análisis de los dilemas, nuevos paradigmas que pueden dar una respuesta adecuada a la ciencia y tecnología posnormal. Un ejemplo podría ser el abandono del paradigma andro-antropocéntrico y la apertura hacia nuevos paradigmas antiespecistas y feministas. Más concretamente me referiré al ecofeminismo, a un tipo concreto de ecofeminismo que nos puede dar las claves para apostar por determinados proyectos tecnológicos frente a otros a los que debemos poner freno.

A la hora de analizar estas nuevas propuestas tecnológicas denominadas en ocasiones transhumanistas, distinguiré entre el transhumanismo tecnocientífico, la radicalización de este tipo de transhumanismo transformándose en posthumanismo y el llamado transhumanismo crítico o cultural. ¿Debemos rechazar cualquier proyecto transhumano por considerar que viola una idea de justicia como la que defenderé? Mi pretensión es rechazar, claramente, tanto las posturas tecnooptimistas como las tecnocatastrofistas. Por lo tanto, trataré de defender un tipo de transhumanismo crítico que nos permita construir un mundo *más justo para todos por igual* frente a un tipo de transhumanismo radical que sigue anclado en la vieja lógica de la dominación.

El camino es arduo, pero parafraseando a mi querido Kierkegaard, diré que no puedo saber de antemano si el resultado alcanzado será bien acogido por el lector, con todo, esto no es lo importante, lo relevante es haber sido capaz de empezar.

# CAPÍTULO I

# ¿QUÉ CABE ESPERAR?

Miró otra vez las cimas lejanas. Se había esforzado tanto…
Había luchado… Había mirado hacia el pasado y el futuro. ¿Qué
importaba todo ahora? ¿Qué había hecho realmente?

Nada quedaba de todos sus esfuerzos. Se dormiría, descansaría
en las faldas de aquellas montañas que se parecían a los pechos
de una mujer y eran a la vez un símbolo y un consuelo.

En seguida, aunque apenas veía ahora, se volvió hacia
los jóvenes. Me entregarán a la tierra, pensó. Y yo también
los entrego a la tierra, madre de los hombres. Los hombres van
y vienen, pero la Tierra permanece.
George R. Stewart, *La Tierra permanece*

## 1.1.  PROGRESO Y JUSTICIA

La pregunta que da título a este capítulo tiene cierta reminiscencia
trascendente, pero nada más lejos de mis intenciones. A diferencia de
pensamientos, como el kantiano, cuando formulo la pregunta estoy pensando en una respuesta terrenal. No acepto la diferencia ontológica —la
existencia de dos mundos, el «mundo aparente» (fenoménico) y el «mundo
verdadero» (trascendente)— que como bien criticó Nietzsche ha llevado
a la filosofía y al pensamiento occidental a «La historia de un error»[1]. Solo
cabe esperar algo en este «aquí y ahora» del planeta Tierra.

---

[1] Véase NIETZSCHE, F., *Crepúsculo de los ídolos*, Madrid, 1981, Alianza editorial,
pp. 51-52.

Inicio el trabajo con una pregunta tan kantiana con una clara intencionalidad. Lo que podemos esperar en un futuro no muy lejano depende de nuestra comprensión e interpretación de un período de nuestra historia tan significativo como es el período moderno. Con Kant, al menos en el pensamiento moral, comienza la modernidad y la Ilustración. La modernidad y la Ilustración nos trajeron la famosa «salida de la minoría de edad», la autonomía moral del sujeto, el rechazo de la superstición frente al avance y desarrollo de la ciencia moderna, la Revolución francesa y la esperada emancipación del género humano. Evidentemente, si todo lo anterior fuesen verdaderos logros iniciados en el período moderno, tal vez no hiciera falta hacerse la pregunta con la que comienzo este trabajo, por una simple razón, sería evidente que estaríamos esperando «la posibilidad del bien». Las cosas, para el planeta Tierra, no han ido tan bien como cabría esperar de nuestra época del Siglo de las Luces. No quiero caer con este tipo de afirmación en un pesimismo filosófico, ni mucho menos. Tampoco quisiera caer en una actitud postmoderna de no esperar nada, ni la posibilidad del bien ni la posibilidad del mal. Todo lo contrario. Precisamente me hago la pregunta inicial porque creo que la respuesta es ambivalente: podemos esperar tanto *la posibilidad del bien* como *la posibilidad del mal*. «La humanidad tiene aún otras posibilidades»[2], está en nuestras manos decidir hacia dónde va nuestro mundo. Digo intencionadamente *mundo*, en lugar de términos como civilización o sociedad, porque somos nosotros, los humanos, los que estamos modificando el planeta entero con todos sus habitantes; somos los humanos los que tenemos esa capacidad de elegir entre un modelo de mundo u otro.

La cultura dominante desde la Ilustración hasta nuestros días ha hecho prevalecer un orden económico liberal —que llega hasta el actual neoliberalismo— potenciando con ello la figura de un individuo enajenado propio del individualismo posesivo; un hombre desesperado, postmoderno, que no espera nada, ni la posibilidad del bien ni la posibilidad del mal. Pero como bien nos han enseñado los pensadores críticos de la Ilustración, la modernidad tiene dos caras: una cara emancipadora y otra dominadora. Las decisiones que marcan el paso de la modernidad potencian una u otra cara. ¿Podríamos estar hablando de derechos humanos universales, de derechos diferenciales, de derechos de las minorías, más aún de derechos de los animales no humanos y de derechos de la Tierra sin pensar en términos emancipatorios tales como el progreso moral, la justicia social, el reconocimiento de las diferencias o la ampliación de la comunidad moral a todos los seres sintientes? La respuesta es obvia, pero hay que matizarla en muchos sentidos. En primer lugar, estamos hablando

---

[2]  Recojo el espíritu de la obra de ADORNO, T. W. y HORKHEIMER, M., *Dialéctica de la Ilustración*, Madrid, Trotta.

del proceso moderno iniciado y proyectado por Occidente, por un puñado de países de todos los que conforman nuestro mundo; en segundo lugar, ni tan siquiera en estos países podemos hablar de una modernidad sin fisuras ni desgarros. Esta modernidad desgarrada se refleja en las contradicciones y paradojas presentes en Occidente: se prometen derechos y, al mismo tiempo, se condena a millones de personas a ser los nuevos parias dentro de los numerosos campos para refugiados, se promete justicia social y cada vez más nos encontramos con trabajadores pobres que no pueden llevar una vida digna, se habla de ampliar la comunidad moral a todos los seres sintientes y se siguen matando —en condiciones dolorosísimas— a millones de animales no humanos por placer o, por poner un ejemplo más, se insta a no tratar a la naturaleza como una fuente ilimitada de recursos y somos incapaces de hacer vinculantes la mayoría de los acuerdos que se alcanzan en las cumbres del clima.

Ante tanta contradicción, bien nos pudiéramos hacer una simple pregunta, ¿somos realmente ilustrados o seguimos siendo bárbaros?[3] Una reflexión crucial ante este tema es el trabajo de Adorno y Horkheimer *Dialéctica de la Ilustración*. Los autores frankfurtianos denunciaron las contradicciones de un pensamiento ilustrado que pretendía emancipar al género humano pero que, paradójicamente, se alió desde sus inicios con la idea de dominio. El comienzo de su obra, a pesar de haberlo leído en numerosas ocasiones, me sigue pareciendo pavoroso:

> La Ilustración, en el más amplio sentido de pensamiento en continuo progreso, ha perseguido desde siempre el objetivo de liberar a los hombres del miedo y a constituirlos en señores. Pero la tierra enteramente ilustrada resplandece bajo el signo de una triunfal calamidad[4].

Es cierto que el contexto en el que escriben estas palabras es desolador, nada más y nada menos que en plena Segunda Guerra Mundial —recordemos que inicialmente la obra fue publicada en 1944 bajo el título *Fragmentos filosóficos*—. Se entiende la sensación que los autores podrían tener en este momento histórico, para ambos la historia sería claramente una constante «caída hacia los infiernos»[5]. Lo más pavoroso

---

[3] Véase HERRERA GUEVARA, A., *Ilustrados o bárbaros. Una explicación del déficit democrático y éticomoral*, Madrid, Plaza y Valdés, 2014.

[4] ADORNO, T. W. y HORKHEIMER, M., *op. cit.*, p. 59.

[5] Esta visión de la historia está presente en un autor anterior a los frankfurtianos, me refiero a Sören Kierkegaard. Con él se inicia un pensamiento filosófico que denomino apesadumbrado o atribulado. Adorno sigue esta tradición filosófica. Ambos denunciaron la lógica del progreso que nos impide ver el sufrimiento real de millones de seres vivos, denunciaron una armonía alcanzada silenciando el dolor. Para un estudio más detallado de este punto de vista véase HERRERA GUEVARA, A., *La historia perdida de Kierkegaard y Adorno*, Madrid, Biblioteca Nueva, 2005.

al releer sus palabras se deriva de la actualidad de estas. Después de siglos de Ilustración y de modernidad, seguimos sintiendo que triunfa más lo bárbaro que lo ilustrado.

Como los autores siguen explicando en este primer capítulo de su obra, el programa de la Ilustración iba a ser capaz de «disolver mitos y derrocar la imaginación mediante la ciencia». El conocimiento vencería a la superstición y dominaría a una naturaleza desencantada, pero «lo que los hombres quieren aprender de la naturaleza es servirse de ella para dominarla por completo, a ella y a los hombres. Ninguna otra cosa cuenta [...] La Ilustración es totalitaria»[6].

¿Podemos escapar de este derrotismo presente en gran parte del pensamiento occidental desde la Segunda Guerra Mundial hasta nuestros días? Es preciso que nos percatemos de la lógica adorniana-freudiana que rodea este tipo de pensamientos, me refiero a una idea muy presente en sus escritos, a saber, «sólo la exageración es verdadera»[7]. La calamidad de la que hablan los pensadores sombríos de Occidente convive, como no podría ser de otra manera, con importantes logros alcanzados asumiendo nuestra ilustrada idea de progreso. Ahora bien, antes que acomodarnos debemos insistir en los desgarros y en las fisuras que esa misma idea ha ido forjando. Desgarros y fisuras que provocan sufrimiento, por eso mismo, por respeto a los que sufren, no podemos olvidar que todo no es armonía. Tal vez nada mejor que la exageración para despertar a los dormidos, a los ingenuos optimistas que piensan que estamos alcanzando la cima de la felicidad. ¿Podemos hablar de dicha cuando hay tanto sufrimiento olvidado? ¿Podemos hablar de mejoramiento de nuestras capacidades, físicas, cognitivas e incluso morales para alcanzar cotas de mayor felicidad cuando miles de millones de humanos, por no hablar de los no humanos, están padeciendo dolores constantes en sus cuerpos y en sus vidas? Sí, por supuesto que podemos, pero una vez más, como la historia nos ha mostrado durante siglos, alcanzaremos la dicha de unos pocos en detrimento de muchos. Para esos muchos, la historia nunca ha dejado de ser una *caída constante hacia los infiernos*.

Si algo nos han enseñado los pensadores atribulados es la ambivalencia de la modernidad. Una modernidad vinculada a la Ilustración y al progreso científico técnico que, en demasiadas ocasiones, ha olvidado —no sé si más por pudor que por comodidad— el progreso moral. Nadie siente pudor a la hora de hablar del progreso que va parejo a los desarrollos de la ciencia y la técnica, pero si alguien menta el *progreso moral* lo miramos de soslayo no vaya a ser que sea un moralista o, cuando menos, un mojigato. Uno tiene que silenciar tal concepto so pena de parecer un

---

    [6] ADORNO, T. W. y HORKHEIMER, M., *op. cit.*, pp. 60-62.
    [7] *Ibid.*, p. 162.

retrógrado. Con esta actitud olvidamos que uno de los grandes debates ilustrados se centró en el tema del progreso y, más concretamente, en cómo progresar al mismo tiempo en lo científico y en lo moral[8]. Las obras de Rousseau son un claro ejemplo de la polémica sobre el progreso.

Exigir no solo progreso científico o técnico, sino, igualmente, progreso moral, no es la actitud de un moralista sino la de un pensador que busca justicia. El progreso moral no está relacionado con la mera moralidad de lo que es bueno para alguien, sino que se relaciona con lo que *es justo para todos por igual*. No hay progreso moral sin justicia:

> En general si hablamos de progreso moral estamos pensando en un mundo sociopolítico más justo [...] Estaríamos reivindicando una sociedad más igualitaria, capaz de tener como meta la redistribución de la riqueza; una sociedad donde no se discriminara por el color de la piel, género, riqueza o tendencia sexual; una sociedad donde los sujetos pudiesen participar en la construcción de las leyes; en definitiva, una sociedad más libre y sin dominación[9].

Al relacionar de esta manera progreso y justicia, estoy aceptando un concepto de justicia como el expuesto por Nancy Fraser en *Escalas de justicia*. Un concepto con una triple dimensión, a saber, con la asunción de la justa redistribución, el justo reconocimiento y la justa representación. Fraser con este marco tridimensional construye un principio de justicia al que denomina *principio de todos los sujetos*: «Una cuestión está justamente enmarcada si y sólo si todos y cada uno de los sometidos a la(s) estructura(s) de gobernación que regula(n) las áreas relevantes de la interacción social reciben igual consideración»[10].

Con este principio no se privilegia a los ciudadanos occidentales, sino que se ven englobados en este nuevo marco de justicia inmigrantes o refugiados. Como he expuesto en otros trabajos, esta justicia necesita abarcar lo interespecífico, es decir, poder englobar a sujetos de otras especies[11]. Con este fin en mente, el principio fraseriano se debería vincular a otro principio menos antropocéntrico que denomino *principio de todos los seres sintientes*. Constelar ambos principios refuerza una idea de justicia adaptada a la sociedad globalizada, a las nuevas injusticias y a los nuevos retos que nos plantea la ciencia y la tecnología.

---

[8] Véase ROUSSEAU, J. J., *Discurso sobre el origen y los fundamentos de la desigualdad entre los hombres*, Buenos Aires, Losada, 1997 y *Discurso sobre las ciencias y las artes*, Buenos Aires, Losada, 1997.

[9] HERRERA GUEVARA, A., *La conspiración de la ignorancia. Una reflexión sobre el progreso y sus paradojas*, Granada, Comares, 2018, p. 10.

[10] Véase FRASER, N., *Escalas de justicia*, Barcelona, Herder, 2008.

[11] Véase HERRERA GUEVARA, A., «Justicia internacional e inmigración, necesidad de constelar diferentes principios normativos» en *Daimon*, Vol. 73, pp. 79-93.

Sin extenderme en este punto, la idea que quiero esbozar es clara: sin justicia y, más concretamente, sin una justicia con múltiples dimensiones y sin una justicia que atienda al sufrimiento de todos los seres sintientes, no puede haber, en pleno siglo XXI, progreso moral. Podremos estar pensando en múltiples avances científicos, tecnológicos y biotecnológicos que configuren eso que llamamos progreso científico técnico, pero cada una de las propuestas que surjan de nuestras nuevas capacidades técnicas deben constelarse con esta idea de justicia. Si no lo hacemos así, al menos no seamos cínicos y reconozcamos que estamos apoyando un mundo cientificista donde «lo que se pueda hacer desde el punto de vista técnico se hará».

Como reconocí al comienzo del capítulo, *la humanidad tiene aún otras posibilidades*. De nuestras elecciones dependerá hacia dónde nos encamine el proceso de modernidad e Ilustración que no ha acabado todavía. Como iré mostrando a lo largo de los siguientes capítulos, se perfilan dos opciones claras. O bien proyectamos, sin más, la visión tecnocientificista del conocimiento en nuestro mundo social, ético y político o bien, constelamos esta visión con un principio de justicia como el que he propuesto, capaz de dar respuesta a los nuevos reclamos del siglo XXI. En el primer escenario estaremos reforzando ideas heredadas del positivismo lógico y del Círculo de Viena, quienes defendieron la neutralidad valorativa de la ciencia: la ciencia —y hoy en día su aliada, la tecnología— se ocuparía de hechos objetivos y no de valores. Por lo tanto, escuchemos lo que nos dice el conocimiento objetivo y sigamos sus derroteros si queremos avanzar. Esta concepción de la ciencia la denominó Kitcher en 1993 *La Leyenda*[12]. En el segundo escenario, deberíamos reclamar un proceso de desencantamiento de la ciencia. Si la Ilustración del XVIII permitió el desencantamiento de la naturaleza, desterrando mitos y supersticiones; la Nueva Ilustración que debemos vivir en el siglo XXI debe conseguir el desencantamiento de la ciencia, desterrando *La Leyenda* y los mitos asociados a ella. Desde esta nueva Ilustración conocer no es solo objetivar, medir, clasificar, sino que el conocimiento científico y técnico amalgama hechos, valores y normas. Por lo tanto, a la hora de decidir qué proyectos científico-técnicos han de seguir adelante porque verdaderamente los consideramos un avance, estaremos eligiendo constelar los avances con una concepción de lo que es el progreso moral, que incluye, como he intentado señalar en párrafos anteriores, un principio de justicia.

Si pretendemos que la *Tierra permanezca* junto a todos nuestros avances científicos y tecnológicos, deberíamos elegir vivir una nueva Ilustración.

---

[12]  Véase KITCHER, P., *El avance de la ciencia: ciencia sin leyenda, objetividad sin ilusiones*, México, Universidad Autónoma de México, 2001.

Es lo que he denominado en otros trabajos la necesidad de una tercera Ilustración[13]. Un nuevo período ilustrado que evite los errores de las anteriores épocas luminosas —más concretamente me refiero a una primera Ilustración vivida con el inicio de la modernidad y el desarrollo de la ciencia moderna y otra segunda ubicada a partir de los años 50 del siglo xx, coincidente con los movimientos sociales y civiles, con el intento de fijar unos derechos humanos universales y con el despertar de nuestra preocupación por la naturaleza y los animales no humanos—. Estas ilustraciones no completaron su proyecto de «sacar al hombre de su minoría de edad» ni de emancipar al género humano, de ahí, la necesidad de una tercera Ilustración.

¿Por qué fallaron estos proyectos emancipatorios? Las causas son múltiples, pero me inclino a admitir la verdad de la hipótesis de Adorno y Horkheimer: la alianza entre Ilustración y dominio ha evitado que una idea de justicia, como la expuesta en páginas anteriores, se acabe imponiendo. Las democracias occidentales intentan, al menos formalmente, que una justicia abarque una redistribución, un reconocimiento y una representación justa. Digo formalmente porque todos sabemos las contradicciones, los fallos y las disfunciones de las democracias occidentales a la hora de alcanzar ciertas metas emancipatorias. Ahora bien, si pensamos globalmente, el bochorno se apodera de nuestro juicio: inmigrantes escapando de la miseria al acometer un viaje que los puede llevar hacia la muerte de una manera aún más rápida; campos de refugiados donde las personas pierden su dignidad, al perder sus derechos; millones de personas muriendo de inanición; déspotas esclavizando, persiguiendo y maltratando a su pueblo; una naturaleza en estado comatoso y un silenciado sufrimiento de millones de animales no humanos; todos estos hechos son un ejemplo de nuestras fallidas ilustraciones.

---

[13] Esta propuesta de una tercera Ilustración la desarrollo largamente en *Ilustrados o bárbaros. Una explicación del déficit democrático y éticomoral*. Dos ideas centrales recorren el libro. En primer lugar, para reclamar una tercera Ilustración tenemos que estar pensando que ha habido otras anteriormente. Más concretamente considero que ha habido dos ilustraciones importantes desde el punto de vista ético y político. La primera la iniciada a finales del xvii y desarrollada durante el siglo xviii. Ilustración relacionada con el inicio de la modernidad. La segunda la circunscribo a un momento crucial del siglo xx. Me refiero a los movimientos por los derechos sociales y civiles de los años 60. Etapa que coincide con la expansión de preocupaciones éticas relacionadas con la ecología y con los animales no humanos. Al mismo tiempo, si reclamo una tercera Ilustración no es solo porque considero que hemos vivido dos anteriormente y es hora de vivir una tercera, sino porque ambas han resultado fallidas, entre otras razones, por su vínculo con la idea de dominio. Esta es la tesis primordial del trabajo, pero una segunda idea central es tan importante como la primera hipótesis; a saber, qué sujetos, evidentemente occidentales, deben y pueden dar el salto para poder vivir una tercera Ilustración verdaderamente emancipatoria.

Vuelvo a la pregunta del inicio, ¿qué cabe esperar? Estamos en un momento álgido en el desarrollo de las nuevas tecnologías y biotecnologías, las llamadas por el acrónimo NBIC (nanotecnologías, biotecnologías, informática y cognitivismo en relación con la inteligencia artificial). Su aplicación a nuestras vidas nos promete un *mundo feliz* e incluso un mundo donde la muerte puede ser vencida. Ante esta nueva ciencia y tecnología, que bien podrían ser etiquetadas de *posnormales*, debemos elegir y decidir teniendo en cuenta la constelación de estos proyectos con una idea de justicia como la expuesta[14].

Silvio Funtowicz y Jerome Ravetz propusieron entre los años 80 y 90 un nuevo término, el concepto de *ciencia posnormal*. La pretensión era caracterizar qué tipo de ciencia es necesaria cuando «los hechos son inciertos, hay valores en disputa, los riesgos son altos y las decisiones urgentes»[15]. En la actualidad, con los nuevos retos a los que nos enfrentamos —pandemias y agotamiento de la naturaleza, por poner tan solo dos ejemplos— y con las propuestas que sugieren las nuevas tecnologías NBIC estamos en un contexto claramente incierto, con riesgo alto, con valores en disputa y con la urgente necesidad de tomar decisiones. ¿Hay algo más incierto que la promesa de la inmortalidad?

¿No es arriesgado pensar en lo posthumano como el fin de la especie humana? ¿No es una disputa entre valores el conflicto entre los bioconservadores y los defensores del transhumanismo/posthumanismo? Mientras tanto, ¿podemos esperar como si nada estuviese sucediendo? Debemos decidir y actuar con urgencia para que no nos sorprenda hacia dónde nos encaminamos.

Con esta incitación a la toma de decisiones, a la reflexión y a la urgencia del momento, no trato de ser derrotista o catastrofista; se trata de ser justos, pero no justos con una minoría del planeta, sino intentar serlo con la mayor parte posible de la Tierra, más aún, con la Tierra misma.

Tal vez para alcanzar este desiderátum debamos detenernos e incluso retroceder. Mi propuesta de *retroceso sustentable* hace hincapié en la crítica a la idea de progreso tradicional (unida al mero progreso científico y

---

[14]  La filosofía de la ciencia ha entendido el término *ciencia normal* como lo expuso T. Kuhn en *La estructura de las revoluciones científicas*. Según Kuhn hablamos de ciencia normal cuando somos capaces de resolver problemas dentro de un marco científico compartido por la comunidad científica. La ciencia y la tecnología que se desarrollan hoy en día se aleja de este marco armónico que pintaba Kuhn para la ciencia normal. Véase KUHN, T., *The Structure of Scientific Revolutions*, Chicago, University of Chicago Press, 1962. Los modelos tradicionales de ciencia y tecnología no nos valen, de ahí la denominación de *posnormal*. En esta misma línea de rechazo a los estereotipos pasados, la ciencia y la tecnología no son un mundo de hechos aislados de los valores.

[15]  FUNTOWICZ, S. y RAVETZ, J., «Science for the post-normal age», *Futures*, 25 (7), pp. 739-755.

técnico) para romper con las premisas anteriores que nos han conducido a la aniquilación del planeta y de muchos de sus seres vivos:

> Con el concepto *retroceso sustentable* pretendo recoger dos necesidades capitales para progresar con justicia: por una parte, la exigencia moral a los occidentales de retroceder en nuestra expansión del turboconsumismo; y, por otro lado, este retroceso debe programarse para favorecer la viabilidad ecológica de las comunidades humanas y no humanas. Si lográsemos tal viabilidad, estaríamos priorizando la conservación en su ser de miles de millones de humanos y no humanos, en definitiva, estaríamos en vías de programar un progreso con justicia[16].

En la era de las NBIC, en la época en que más se habla de transhumanismo y posthumanismo, ¿es todo esto plausible? ¿Tiene sentido que nos preocupemos porque permanezca el humano o la Tierra? Estamos experimentando, las generaciones del presente, la angustia de sufrir una pandemia. Una pandemia cuya causa principal puede estar en nuestra tóxica relación con la naturaleza y con los animales no humanos. Tal vez sea una consecuencia más de nuestras fallidas ilustraciones o de nuestra fallida modernidad. Pero dejemos las causas. Vivimos una pandemia y estamos tomando rápidas y vitales decisiones en un corto período de tiempo. En el trasfondo de todas estas tomas de decisiones está el sobrevivir, el permanecer como especie. Queremos seguir la vida en la Tierra como especie, pero al mismo tiempo, ¿estamos proyectando un mundo posthumano donde la especie humana puede desaparecer? Me adentraré en el transhumanismo y el posthumanismo en posteriores secciones y capítulos. En este punto del relato quisiera hacer ver la incongruencia de nuestras acciones y decisiones en relación con un problema como el que estamos viviendo, un problema pandémico. Nuestro modelo económico, social, político, científico y tecnológico nos ha llevado a la situación actual.

¿No sería necesario detenernos y repensar nuestro modelo? La economía que practicamos y defendemos no es ajena ni a lo político ni a lo científico. Tomamos decisiones científicas y tecnológicas en relación con nuestra economía neoliberal, turbocapitalista o turboconsumista, como queramos decir. Estamos en un momento de incertidumbres, de riesgos globales y de rápidas y urgentes tomas de decisiones. Necesitamos más que nunca una ciencia y una técnica que cuestione el modelo neoliberal, el paradigma de una ciencia normal sigue siendo el neoliberal, por lo tanto, hablaré de una ciencia posnormal para referirme a un modelo de ciencia y tecnología que escape del paradigma clásico que nos ha llevado a donde estamos. La pandemia del COVID-19 es solo un ejemplo de a dónde nos puede conducir nuestra fallida Ilustración.

---

[16] HERRERA GUEVARA, A., *La conspiración de la ignorancia. Una reflexión sobre el progreso y sus paradojas, op. cit.*, p. 68.

La ciencia posnormal si pretende revertir las consecuencias negativas de un modelo neoliberal de ciencia, que se ha mostrado insensible a las injusticias y sufrimiento generado en gran parte del planeta, debería asumir una nueva ecuación: no hay auténtico progreso científico y técnico sin progreso moral, sin justicia para todos los seres que habitamos el planeta Tierra.

Antes de acabar esta sección quisiera destacar el intento de una novela de finales de los 40 en hacernos ver la insignificancia del humano frente a la Tierra. Algo tan evidente ha sido olvidado en nuestro modelo antropocéntrico y neoliberal de vida. Las decisiones que tomemos dentro del nuevo paradigma científico no pueden olvidar esta obvia realidad, so pena de seguir cayendo hacia los infiernos y volver a fallar en nuestro intento de ser ilustrados.

### 1.1.1. LA TIERRA PERMANECE

George R. Stewart (1895-1980) es un historiador y novelista estadounidense. Me interesa centrarme en una de sus obras literarias, *La Tierra permanece*, publicada en 1949. Es una novela de ciencia ficción que narra las vicisitudes por las que tendrá que pasar el protagonista, Isherwoood Williams, cuando al volver de unas vacaciones descubre que ha llegado el apocalipsis: todo el mundo está muerto, víctima de un virus. Ish, como llaman al joven protagonista y superviviente del drama, está descansando en las montañas preparando una tesis sobre la ecología de una zona concreta, Black Creek. Se encuentra totalmente aislado y sin radio durante semanas. Tras pasar unos días enfermo por la mordedura de una serpiente, decide volver a su casa en San Francisco, pero a medida que inicia el camino de vuelta se percatará de que no encuentra a nadie; todos han desaparecido.

La hipótesis es que los humanos han perecido tras sufrir las consecuencias de un virus. ¿Cómo ha sobrevivido Ish? Él mismo se lo pregunta y la única hipótesis que se le ocurre es que, tal vez, el veneno de la serpiente y la consiguiente enfermedad lo han tenido inmunizado. Lo relevante de la novela no es, evidentemente, la credibilidad de esta hipótesis. Lo más interesante es cómo se enfrenta el protagonista al apocalipsis que supone la muerte de la mayor parte de la humanidad.

Gadamer, en una de sus obras, distingue entre mundo y realidad para mantener que los humanos somos los que tenemos mundo, lo hemos creado gracias al lenguaje, frente a los animales que solo tienen realidad. Apoyándonos en esta idea, sin aceptar el idealismo lingüístico implícito, podríamos decir que el mundo que conocía Ish ha sido destruido, queda una realidad denominada genéricamente *Tierra*. Los humanos y su mundo han sido destruidos tras el apocalipsis, en cambio, la Tierra permanece. Ese es el sentir de la novela.

El protagonista comienza a darse cuenta de lo sucedido tras encontrar varios periódicos de días y semanas anteriores, que en grandes titulares repiten la Grave crisis que se estaba viviendo: una epidemia desconocida que se propaga a una velocidad sin precedentes lleva la muerte a todo EE. UU. Nadie conocía sus orígenes. Y, para colmo, el ir y venir de los aviones había expandido la enfermedad en los más importantes núcleos urbanos del planeta.

Si alguien encuentra ya cierto paralelismo con lo que hemos vivido en el presente, esta sensación se acentúa cuando leemos las tres hipótesis que maneja el autor en relación con el origen de la enfermedad: el traspaso de una enfermedad animal a un humano, algún microorganismo nuevo como un virus producido por mutación o un accidente provocado en un laboratorio de guerra bacteriológica. Para colmo, se presumía que el aire mismo transmitía la enfermedad (debate que en la pandemia de COVID-19 ha copado titulares con el tema de la transmisión a través de los aerosoles).

El protagonista evidentemente sufrirá un shock, viajará por diferentes partes de EE. UU., encontrará a algunos supervivientes y tras un viaje decepcionante de costa a costa (Ish vive en San Francisco), decidirá volver a su ciudad de la costa oeste, a la casa de sus padres. Tras varias vicisitudes encontrará a una mujer superviviente, Em, con la que vivirá y tendrá una familia. La novela cuenta cómo van pasando los años y nacen nuevas generaciones que desconocen lo que habían sido los humanos. Desconocen sus conocimientos, su cultura literaria, su progreso científico y tecnológico, etc. Ish siempre se sentirá preocupado por no poder recuperar la civilización perdida, el mundo perdido. Hasta que al final de la novela, en un acto de redención consigo mismo, se percata de que todo —incluso los avances más espectaculares de nuestra civilización— es efímero. Más aún, puede que nunca vuelvan porque ya nadie considera esos avances como necesarios. El mundo, como el humano, va y viene, pero la Tierra permanece. Esa es la última enseñanza de la obra y de Ish en su lecho de muerte.

La novela no solo es interesante por la cantidad de paralelismos que presenta con lo que hemos vivido en la pandemia, sino porque está escrita, nada más y nada menos que en 1949. Los miedos del presente ya estaban en los años cincuenta del siglo xx. Y, evidentemente, los discursos literarios apocalípticos poco nos han enseñado o, más bien, yo diría que no hemos escuchado bien sus vaticinios.

Después de la Segunda Guerra Mundial hay un antes y un después en relación con el desarrollo científico y técnico. Tanto pensadores como científicos se percatan de la importancia de decidir qué tipo de ciencia y qué tipo de tecnología estamos dispuestos a financiar si queremos un mundo sociopolítico más justo. A pesar del debate y de las advertencias, no parece que hayamos acertado en todas nuestras decisiones.

La novela no solo es interesante porque nos acerca a lo que estamos viviendo, sino por tres razones más, la primera tiene que ver con lo que he comentado, nos adentra en lo que sería nuestra vida si viviéramos tras el apocalipsis; en segundo lugar, nos muestra incansablemente que los humanos no somos imprescindibles para la vida de la Tierra, incluso la Tierra podría ser *más feliz* sin nosotros; y, por último, de una manera metaliteraria, la novela introduce en las páginas del relato principal una serie de excursos y reflexiones sobre la ecología, los animales humanos y su civilización y los animales no humanos que nos conducen a juzgar nuestras acciones sobre la Tierra y a plantearnos nuestra justicia o injusticia con la Tierra.

Acabaré este apartado con un significativo y triste excurso sobre el fin del *Homo sapiens*. La digresión ironiza sobre qué ser vivo lamentará la pérdida del humano, la conclusión es desoladora, tan solo tres parásitos lamentarán la pérdida del humano:

> De las seiscientas mil especies de insectos, sólo unas pocas docenas advirtieron la desaparición del hombre, y de éstas las únicas condenadas realmente a la extinción fueron las tres especies de parásitos humanos. Tan antigua, si no honorable, era esta asociación que se la había citado para apoyar la teoría del origen único del hombre. Los antropólogos, en efecto, han señalado que aun en las tribus más aisladas el hombre tiene siempre los mismos parásitos, concluyéndose así que estos insectos nos fueron legados por nuestros antepasados, los primeros hombres-monos.
>
> Desde tiempos muy remotos, a través de miles y miles de siglos, estos parásitos se adaptaron cuidadosamente a su universo: el cuerpo del hombre [...] La caída del hombre provocó su ruina. Cuando sintieron que el universo se enfriaba, buscaron otro; no lo encontraron y murieron. Billones de criaturas tuvieron así un triste fin.
>
> Pocos lamentos acompañaron el funeral del *Homo Sapiens*. El *Canis familiaris*, como individuo, lanzó quizás algunos tristes aullidos; pero como representante de una especie alimentada con azotes y puntapiés, volvió a unirse alegremente a sus hermanos salvajes. Que el Homo Sapiens se consuele, sin embargo, pues hubo tres que lo lloraron sinceramente[17].

La reflexión de George R. Stewart es irónica y desoladora, pero todos sabemos que tiene una gran dosis de verdad. Ninguna otra especie echará en falta a los humanos, como resultado de nuestras injusticias cometidas sobre la Tierra.

---

[17] STEWART, G. R., *La tierra permanece*, Editorial digital: betatron, 1949, pp. 96-97.

Tal vez todavía desde la deliberación ética podamos llegar a convencernos de la necesidad urgente de cambiar nuestra vida en la Tierra y nuestra relación con ella.

¿Estamos a tiempo? Parece que los derroteros nos dirigen hacia otros objetivos.

### 1.1.2 Más allá de la supervivencia de la Tierra

Los más importantes proyectos científicos, tecnológicos y biotecnológicos no van encaminados a paliar de forma real y eficaz las injusticias que estamos cometiendo con millones de humanos, con los no humanos y con la Tierra en global. Las nuevas tecnologías NBIC no están siendo desarrolladas con el fin de eliminar enfermedades endémicas como la malaria, erradicar el hambre o el sufrimiento de miles de millones de seres vivos, humanos y no humanos. Sus proyectos enlazan con uno de los temas más debatidos en el ámbito académico y científico-tecnológico, me refiero al transhumanismo y, por ende, al posthumanismo.

En numerosos textos podemos leer que se utilizan ambos términos como sinónimos. Intentaré dar una explicación de tal hecho. Comenzaré por el transhumanismo. Cuando hablamos de proyectos transhumanistas se nos viene a la cabeza los proyectos de mejora y perfeccionamiento humano. El afán transhumano nos sitúa más allá de la curación y entra de lleno en el terreno de la mejora y del perfeccionamiento del humano. Es evidente que el humano desde que es humano ha querido mejorar sus capacidades, pero durante bastante tiempo esta mejora estaba vinculada a la curación de enfermedades que nos limitaban o a superar determinadas discapacidades. Si tenemos una pérdida auditiva, la superamos con un audífono, o si perdemos una pierna, sería mejor superar nuestra discapacidad con una prótesis. Esto es lo que denominaré una *mejora negativa*. Hablaré en el texto de *mejora negativa* por contraposición a la *mejora positiva*. Aunque el primero de los términos pueda resultar paradójico (¿una mejora puede ser denominada negativa?), en realidad, no lo es si lo vemos como resultado de una analogía con el par de conceptos *eugenesia negativa* y *eugenesia positiva*. De igual modo que la *eugenesia negativa* hace referencia al uso de los medios biotecnológicos a nuestra disposición para evitar o eliminar determinadas enfermedades, la *mejora negativa* indicaría el uso de medios para mejorar a un humano que se encuentra en desventaja por una enfermedad o diversidad funcional. Por el contrario, la *eugenesia positiva* y, por ende, la *mejora positiva* aplica los medios para implementar las capacidades de un humano sin enfermedades o diversidades funcionales. Poner una prótesis a alguien que sufre una disección de aorta es una *mejora negativa;* darle a un niño *normal* la hormona del crecimiento para que sea más alto y así pueda tener ventajas sobre sus congéneres sería una *mejora positiva.*

Cuando nos referimos a proyectos transhumanos nos adentramos en el terreno de la *mejora positiva.* No se trata de mejorar a un humano porque presente una enfermedad o discapacidad, se trata de mejorar a un humano *normal* para que adquiera características importantes no humanas (¿qué tal si viéramos como un gato en la oscuridad? ¿O si dejásemos de ser mortales?). Este tipo de transhumanismo es el que denomina el filósofo Diéguez *transhumanismo tecnocientífico* en contraposición a lo que denomina *transhumanismo crítico o cultural*[18]. El libro de Diéguez se centrará en el primer tipo, definiendo el segundo como una continuación de la crítica postmoderna al ideal humanista iniciado por Foucault, Derrida, Deleuze, determinados feminismos, estudios postcoloniales o ecologismos radicales. Dentro de este tipo de transhumanismo se situarían los estudios de Braidotti[19]. Braidotti (y también Diéguez) califican a este transhumanismo crítico o cultural de posthumano. De ahí la confusión y la utilización de ambos términos —transhumanismo y posthumanismo— como sinónimos. Desde mi punto de vista es más coherente seguir llamando a este tipo de estudios *transhumanismo crítico o cultural* y veo más acertado dejar el término posthumano para los proyectos del transhumanismo tecnocientífico que buscan una evolución de los humanos tan significativa que ya no serían humanos en algún aspecto importante. Estaríamos hablando de la posibilidad de una nueva especie que supere al humano, de ahí el término posthumano.

Recapitulando podríamos hablar de tres tipos de modelos teóricos para abordar los nuevos retos sociales, éticos, políticos, científicos y tecnológicos de las sociedades actuales: el modelo del transhumanismo crítico o cultural, el modelo transhumanista tecnocientífico y, por último, la versión radicalizada de este último que nos conduciría al posthumanismo.

Considero que el transhumanismo crítico o cultural es el que se preocupa seriamente por la globalidad de la Tierra y de todos sus moradores; el transhumanismo tecnocientífico abarca numerosos tipos de proyectos, deberíamos analizar algunas de sus propuestas para ver cuáles respetan un marco de justicia como el expuesto; y, por último, como se verá en los siguientes capítulos, es bastante dudosa la defensa de un modelo de justicia como el que he propuesto dentro del pensamiento posthumano.

---

[18] Véase DIÉGUEZ, A., *Transhumanismo. La búsqueda tecnológica del mejoramiento humano*, Barcelona, Herder, 2017, versión digital, posición 452.
[19] Véase BRAIDOTTI, R., *El conocimiento posthumano*, Barcelona, Gedisa, 2020.

Antes de abordar en detalle estos tipos de transhumanismo, acabaré el capítulo con otra exigencia derivada del modelo de justicia que propongo, a saber, el tipo de ciencia y tecnología que decidamos, si quiere ser justo, no debe olvidar ni el progreso moral ni la justa resdistribución, la justa representación política y el justo reconocimiento. Me gustaría detenerme en el justo reconocimiento.

## 1.2. IDENTIDAD

En filosofía uno de los primeros nombres que se nos viene a la cabeza al hablar de *reconocimiento* es Hegel. El modelo hegeliano de la «lucha del reconocimiento» aparecido en la *Fenomenología del Espíritu* y en *El Sistema de la eticidad* es un referente clásico[20]. Si volvemos la vista hacia autores actuales, hemos de detenernos en la obra de Axel Honneth[21]. El filósofo frankfurtiano, tomando como punto de partida a Hegel, afirmará que las luchas sociales son y han sido luchas por el reconocimiento. A diferencia de Hegel, Honneth parte de un «progresismo optimista»: el reconocimiento es posible, en cada etapa histórica se da un grado más de reconocimiento, y además puede desplegarse en el contexto social en el que vivimos. La asunción de esta posibilidad reniega de los momentos de regresión en la historia, de los que nos hablaron Adorno y Horkheimer y de las propias dudas hegelianas sobre si este reconocimiento es siempre necesario e inevitable. La teoría del reconocimiento de Honneth se inscribe dentro de una teoría crítica que ha escuchado poco las voces de Benjamin o Adorno, se enmarca más bien en la fe hacia un progreso moral inevitable. En este sentido, se sitúa más cerca de la «mala infinitud kantiana» que de las dudas y contradicciones que Hegel veía siempre en el devenir histórico.

Con estas afirmaciones no niego el valor del reconocimiento dentro de una teoría de la justicia, pero cuestiono la idea de un reconocimiento continuo en progresión lineal. No estamos, ni tan siquiera en Occidente, en un contexto social y político que permita tal optimismo. El reconocimiento ha de darse para que haya justicia; la humillación del otro, como forma que niega el reconocimiento, ha de ser superada si pretendemos justicia. Pero la lucha por el reconocimiento y por la superación de la humillación tiene que batirse con las numerosas contradicciones de nuestro sistema social y político. Tal vez sea necesario mantener, como afirman

---

[20] Véase HEGEL, G. W. F., *Fenomenología del espíritu*, México, FCE, 1966; *El sistema de la eticidad*, Buenos Aires, Quadrata, 2006.
[21] Véase HONNETH, A., *La lucha por el reconocimiento: por una gramática moral de los conflictos sociales*, Barcelona, Crítica, 1997.

otros autores, que debemos aceptar que el reconocimiento es un ideal
regulativo y que, en la práctica, en nuestras sociedades, tenemos que unir
este ideal con la convivencia con lo diferente sin pretender que el otro
«se haga un igual» para poder reconocerlo. Para seguir esta interpretación, recomiendo la lectura de la obra del pensador mexicano Bolívar
Echeverría. Echeverría, en el contexto mexicano, estudia el tipo de *ethos*
que debe darse en una sociedad, donde conviven dos tipologías sociales tan diferentes, los descendientes de los colonizadores y los indígenas,
para que verdaderamente se pueda hablar de reconocimiento[22]. Echeverría desarrolla en su obra una teoría de los cuatro *ethe* de la modernidad
capitalista: el *ethos* realista, el romántico, el clásico y el barroco. El dominante en las sociedades occidentales sería el realista, donde se prioriza la
claridad. Dentro de este *ethos* se desarrollaría la teoría del reconocimiento
de Honneth donde no existirían contradicciones insuperables para llegar
al reconocimiento. El filósofo mexicano reivindica la convivencia del *ethos*
realista con el barroco en países como México y, al mismo tiempo, muestra la valía del *ethos* barroco para alcanzar, sabiendo de la contradicción
insuperable, el reconocimiento de elementos que no se entienden —por
ejemplo, los sujetos descendientes de los colonizadores y de los indígenas—
pero que conviven sin aniquilarse.

Justicia y reconocimiento van de la mano, con todos los matices expuestos anteriormente, pero en este punto yo quisiera detenerme en lo que
hay detrás del reconocimiento. Para que podamos reconocer al otro, yo
tengo que percibir una identidad. Una identidad que para nada ha de ser
idéntica a la mía. La identidad es única en cada sujeto.

### 1.2.1.  IDENTIDAD EXISTENCIAL VERSUS IDENTIDAD ESENCIAL

El tema de la identidad se ha abordado desde diferentes dimensiones filosóficas, desde la antropología, la metafísica, etc. Me detendré en
un concepto de identidad ético, existencial, construido y cambiante. El
autor referencial de tal concepto es el pensador danés Sören Kierkegaard.
Es evidente que el pensamiento de Kierkegaard aparece en el siglo XIX
y nos puede parecer bastante alejado de nuestro presente. Realizaré lo
que Foucault denominó *recontextualizar*. Es decir, recontextualizaré el
pensamiento del danés en el sentido siguiente: no permaneceré fiel a
Kierkegaard, sino que lo historizaré. Intentaré una recontextualización de
determinados textos o tópicos bajo el prisma de unas categorías que en su

---

[22] ECHEVERRÍA, B. (comp.), *Modernidad, mestizaje cultural, ethos barroco*, México,
Universidad Nacional Autónoma de México y El Equilibrista, 1994; y *Las ilusiones de la
modernidad*, México, UNAM y El Equilibrista, 1995.

momento no estaban al alcance del autor recontextualizado. Kierkegaard no enmarcó, no podría haberlo hecho, su teoría de la individuación y de la identidad en una teoría de la justicia como la que estoy exponiendo, pero en esto consiste la recontextualización, en permitir estas licencias. Comenzaré a recontextualizar la parte de su pensamiento que me interesa.

Es cierto que Kierkegaard es un pensador difícil de leer y de enmarcar en una sociedad postsecular como la nuestra, pero no es menos cierto que autores como Sartre supieron transportar lo crucial de su filosofía a un pensamiento existencial ateo. Recalco lo de ateo por contraposición a la obra kierkegaardiana[23]. La obra del pensador danés es altamente interesante por muchas razones, pero particularmente asombra que un pensamiento como el suyo pueda ser al mismo tiempo postmetafísico y religioso. Su obra escapa y rechaza la filosofía especulativa y metafísica del momento, la filosofía hegeliana, y, al mismo tiempo, abraza el sentir religioso[24]. La renuncia al hegelianismo le permite encuadrarse en el marco de la existencia y, por ende, de una filosofía existencial. En su *Diario íntimo* sus palabras al respecto son muy claras:

> Con la mayoría de los filósofos sistemáticos y sus sistemas ocurre lo mismo que con aquel que luego de construir para sí un castillo, habita en un pajar. Ellos no viven dentro de sus enormes edificios sistemáticos. En el campo del espíritu esto constituye una objeción capital. Las ideas de un hombre deben de ser su propia morada; de lo contrario, peor para ellas[25].

Al rechazar la filosofía hegeliana del momento, Kierkegaard está proponiendo otra forma de pensar, de hacer filosofía, que bien puede llamarse pensamiento existencial. Los pensadores como Hegel prometen alcanzar el «Espíritu Absoluto», un pensador existencial frente a las promesas hegelianas, «produce aquello que anuncia»[26].

Para nuestro tema de la identidad es importante remarcar el plano de la existencia. Cuando me refiera a identidad y al reconocimiento de la identidad del otro no me estaré refiriendo a una identidad metafísica, ni a una identidad esencial que caracterice a la especie humana. El concepto de identidad al que me referiré es una identidad existencial, que cada individuo forja en su existencia. Por lo tanto, ha de ser plural, única para cada individuo y constructiva. Este punto es absolutamente relevante para el tema del transhumanismo y el posthumanismo. Sin profundizar en este momento del relato, cabe anticipar que, desde esta concepción de

---

[23] Herrera Guevara, A., *La historia perdida de Kierkegaard y Adorno, op. cit.*

[24] Véase Barrio, J. F., *Kierkegaard frente al hegelianismo*, Valladolid, Universidad de Valladolid, 1996.

[25] Kierkegaard, S., *Diario íntimo*, Buenos Aires, Santiago Rueda (ed.), 1995, p. 147.

[26] *Ibid.*, p. 317.

la identidad, no veo acertado el argumento bioconservador que se opone
a cualquier proyecto transhumano o posthumano porque viola la identidad esencial de la especie humana, inscrita tal identidad en una naturaleza humana también de claro tinte esencialista. Francis Fukuyama y
George Annas, como bioconservadores, emplean este tipo de argumento.
Para algunos estudiosos del tema, Jürgen Habermas también pasaría a
engrosar las filas de los llamados bioconservadores por los argumentos
utilizados en su libro *El futuro de la Naturaleza Humana*. Si bien es cierto
que Habermas se muestra preocupado por si los nuevos avances biotecnológicos nos llevan hacia una eugenesia liberal, donde «el supermercado
genético» nos permita «hacer o fabricar» humanos a la carta, no es menos
cierto que su crítica se circunscribe, sobremanera, a la intervención en
la línea germinal. Si intervenimos en la línea germinal, los cambios bus-
cados no serán solo para determinados individuos que deseen ciertas
mejoras, sino que afectará a toda la especie. Este punto me parece interesante debatirlo más adelante. El otro argumento, repetido en su libro,
sí lo vincula de manera más clara con el pensamiento bioconservador
al afirmar que con ciertas modificaciones genéticas podemos poner en
peligro la autocomprensión ética de la especie. Para Habermas es evidente que la clonación reproductiva haría peligrar fundamentos morales tales como la libertad[27]. El caso de Habermas me parece que necesita
ser matizado cuando lo acusamos de bioconservadurismo. Lo discuti-
remos más adelante.

Un pensador claramente bioconservador es Francis Fukuyama, para
quien la base del transhumanismo es modificar la esencia humana[28]. Establece una vinculación entre esta esencia y los fundamentos de nuestra
moral, de tal modo que si las futuras biotecnologías destruyesen nuestra esencia también destruirían nuestros fundamentos de la moral. Otro
ejemplo de bioconservadurismo es el de George Annas quien considera
que, al modificar la esencia de la naturaleza humana en nuestro afán de
mejora, se alcanzarán sujetos posthumanos muy superiores capaces de
cometer genocidio hacia el resto de los seres humanos[29].

---

[27] Véase Habermas, J., *El futuro de la Naturaleza Humana. ¿Hacia una eugenesia
liberal?*, Barcelona, Paidós, 2002.

[28] Véase Fukuyama, F., *El fin del hombre: consecuencias de la revolución biotecnológica*,
Barcelona, Ediciones B, 2002.

[29] «The new species, or "posthuman", will likely view the old "normal" humans as
inferior, even savages, and fit for slavery or slaughter. The normals, on the other hand,
may see the posthumans as a threat and if they can, may engage in a preemptive strike
by killing the posthumans before they themselves are killed or enslaved by them. It is
ultimately this predictable potential for genocide that makes species-altering experiments
potential weapons of mass destruction, and makes the unaccountable genetic engineer
a potential bioterrorist. It is also why cloning and genetic modification is of species-wide
concern and why an international treaty to address it is appropriate» in Annas, G.,

Por el contrario, la identidad existencial no se enmarca en una naturaleza de tales características, sino en una condición humana del sujeto de carne y hueso que se va construyendo a lo largo de nuestra historia única.

Si aceptáramos una identidad esencial con una naturaleza humana también esencial, asumiríamos lo que Kierkegaard rechaza de todo pensamiento metafísico: estaríamos elaborando una algoritmia conceptual, donde la identidad y la naturaleza humana tendrían unas características esenciales, e intentaríamos aplicar esta algoritmia al mundo. El mundo debería ajustarse a nuestra plantilla y todo aquello que no se ajustase estaría fuera del mundo. Esta caracterización está lejos de una identidad existencial que tiene que hacerse en el mundo y junto a otras identidades muy dispares, incluidas las identidades no humanas. No solo construimos nuestra identidad a través de los demás humanos, los no humanos son también *nuestro otro significativo*[30].

En esta construcción de nuestra identidad ocupa un lugar central otra idea de origen kierkegaardiano, la *elección*. El individuo que pretende alcanzar una individualidad, una identidad auténtica acepta la *elección existencial*. En este tipo de elección no se trata de elegir entre una opción u otra, sino que elegir la elección misma otorga validez y peso a la existencia del sujeto. En la teoría kierkegaardiana de la individuación la aceptación de la *elección existencial* supone *querer llegar a ser sí mismo*. Asumir la responsabilidad de la propia biografía nos acerca a la auténtica individualidad y a la auténtica construcción de nuestra identidad.

Esta caracterización de la identidad rechaza el ocultamiento del individuo tras la turba. La multitud erradica la individualidad y favorece una identidad esencial para todo el género humano. Kierkegaard atacó la categoría de turba a lo largo de toda su obra. Pondré dos ejemplos extraídos de su *Diario íntimo*:

— El mal de la historia universal retorna. Se ha vuelto a establecer el concepto de la turba[31].

— Si hubiera de pedir un epitafio para mi tumba, solo pediría el de: «Ese Ente», aunque por ahora la categoría no sea comprendida. Más tarde lo será. Con la categoría del «Ente», cuando todo aquí se reducía a amontonar sistemas, yo apunté polémicamente al sistema y ya de ello no se habla[32].

---

ANDREWS, L., y ISASI, R., «Protecting the Endangered Human: Toward an International Treaty Prohibiting Cloning and Inheritable Alterations», *American Journal of Law Medicine,* 28 (2-3), 2002, p. 162.

[30] HERRERA GUEVARA, A., «Mi otro significativo», en: A. Herrera Guevara (ed.): *De animales y hombres*, Madrid, Biblioteca Nueva, 2007, pp. 79-96.

[31] KIERKEGAARD, S., *Diario íntimo, op. cit.,* p. 213.

[32] *Ibid.,* p. 208.

En la turba el individuo es una quimera, no así en la comunidad, el pensador danés rechaza la turba, pero no la comunidad. En la turba se esconde el individuo y dentro de ella no puede alcanzar su auténtica identidad. En cambio, el sujeto necesita de la comunidad, de los otros *entes,* de las otras identidades para forjar la suya propia. Esto se puede dar dentro de la comunidad.

Cuando relaciono la justicia con el reconocimiento de la identidad, estoy enmarcando tal identidad en este contexto existencial, plural y constructivo que rechaza cualquier forma de esencialismo.

Me gustaría remarcar un punto antes de acabar este apartado. El reconocimiento de la identidad del otro es condición necesaria de la justicia, pero no olvidemos que para que este reconocimiento se dé es preciso que los sujetos en ese *querer llegar a ser sí mismo* construyan su identidad.

Por lo tanto, cuando examinemos proyectos transhumanistas o posthumanistas deberíamos valorarlos y juzgarlos teniendo en cuenta si asumen una teoría de la justicia como la que estoy exponiendo donde el reconocimiento de la identidad del otro juega un papel central junto con la justa redistribución y representación política.

Sin olvidar que en ese examen no solo importa el reconocimiento de la identidad del otro, sino que es igualmente relevante analizar si las nuevas propuestas tecnocientíficas permiten, sin dominación, la construcción de las identidades de todos los sujetos. Al hablar de *todos los sujetos* no me refiero exclusivamente a los sujetos humanos, también incluyo a los no humanos. Una justicia del siglo XXI no puede ser especista, debemos asumir una justicia interespecífica. La tarea es ardua. Intentaré mostrar en los siguientes capítulos si las propuestas transhumanistas y/o posthumanistas no son solo progresos científicos y tecnológicos, sino si también podemos considerarlas como un progreso moral. Ya sabemos los requisitos en relación con la justicia que deben cumplir. Veamos el caso.

## CAPÍTULO II

# TRANSHUMANISMO TECNOCIENTÍFICO Y *MEJORA POSITIVA*: DESAFÍO PARA EL SIGLO XXI

En el capítulo anterior intenté esbozar las exigencias éticas, relacionadas con una idea de justicia, bajo las cuales deberían ser examinados los nuevos proyectos de las llamadas NBIC. Este examen es necesario si pretendemos que todo avance científico y tecnológico vaya de la mano del progreso moral. Lo considero una condición necesaria. Tras todo lo que ha ocurrido en nuestra historia moderna, no cabe preguntarse si pueden o no ir a la par estos dos tipos de progreso; se ha de convertir en una exigencia ética, es decir, es una cuestión de justicia que planteemos los proyectos tecnocientíficos en el marco de ambos tipos de progreso. Si no se hace de esta manera, la consecuencia es clara y evidente: numerosos seres sintientes van a salir perdiendo como han perdido cuando hemos priorizado la idea cientificista «lo que se pueda hacer técnicamente, se hará» o «es imposible poner límites al progreso científico-técnico».

## 2.1. DESAFÍOS ÉTICOS Y POLÍTICOS EN EL SIGLO XXI: JUSTICIA INTERGENERACIONAL E INTERESPECÍFICA

El siglo XXI tiene muchos desafíos, pero uno es prioritario porque si no conseguimos dar una respuesta a este desafío todo lo demás dejará de tener importancia; me refiero, al desafío ecológico. Este es el gran reto ético y político al que se enfrenta el humano si realmente le interesa no solo la permanencia de la Tierra, sino del propio humano. Todos somos conscientes de las relaciones tóxicas que hemos mantenido, y seguimos manteniendo, con la naturaleza en general y con los animales no humanos en particular. La sobreexplotación, la contaminación de cualquier rincón del planeta, la emisión de gases invernadero, la lucha por las valiosas materias primas de África o de otros continentes y, por supuesto, el maltrato hacia los animales no humanos, han sido y siguen siendo prácticas habituales del humano. La armonía entre el humano y la Tierra, con todos los seres vivos que la habitan, se ha ido al garete desde hace mucho tiempo; alguien podría afirmar que es un proceso que se da desde que el humano es humano hasta nuestros días. Esta última afirmación es cierta, pero no es menos cierto que la conciencia ecologista y la preocupación por todos los temas que conlleva es mucho más reciente, se ha agudizado en los últimos años entre los occidentales y numerosos pueblos indígenas,  y, por lo tanto, exige cuanto menos una parada para reflexionar: ¿Hacia dónde nos lleva el turbocapitalismo y el turbo-consumismo? Todos sabemos la respuesta. En la ecología de hoy en día —incluyo en este ámbito la ética animalista, no veo que tengan que ser dos espacios excluyentes— o mejor dicho en una ecología no antropo-céntrica y no cortoplacista juegan un papel relevante dos conceptos de justicia, a saber, la justicia interespecífica y la justicia intergeneracional. La primera considera que, tras la expansión de la comunidad moral hacia el resto de los seres vivos, proceso que Peter Singer popularizó con el tér-mino darwiniano *la expansión del círculo*, no podemos practicar justicia si no incluimos en nuestra teoría de la justicia al resto de las especies[1]. La justicia intergeneracional defiende una justicia para las generaciones futuras que aunque no hayan nacido y no conozcamos sus deseos, pode-mos proyectar lo que ellos desearían en función de nuestros intereses y deseos. Alguien podría argumentar que tal vez estas generaciones futu-ras serían igual de felices si disfrutasen de árboles sintéticos en lugar de los naturales, en el supuesto de que estos se hayan extinguido. Tal vez tengan razón los que argumentan de esta manera, en cuestión de contra-fácticos todo es posible. Pero como señala el filósofo Jorge Riechmann, nadie puede negar que dejar a las futuras generaciones tantas opciones vitales posibles como las que nosotros hemos recibido de las anteriores generaciones es más justo que privarles de muchas de estas opciones[2]. La sustentabilidad será para el pensador español el principio mínimo de una justicia intergeneracional: «las actividades humanas no deben sobre-cargar las funciones ambientales, ni deteriorar la calidad ambiental de nuestro mundo»[3].

Evidentemente, lo que es inasumible es el dolor y el sufrimiento que se puede generar a todas las especies, incluida la de los humanos, si no se detiene la destrucción masiva de la Tierra. Los humanos occi-dentales lo pagan con menos calidad de vida, menos salud, aparición

---

[1] SINGER, P., *The Expanding Circle,* New York, Farrar, Straus & Giroux, 1981.
[2] RIECHMANN, J., «Tres principios básicos de justicia ambiental» en *RIFP*, 21, 2003, pp. 103-120.
[3] *Ibid.*, p. 109.

de pandemias y nuevas enfermedades y más sufrimiento por no poder llevar una vida digna; los humanos de otras partes del planeta lo pagan con sufrimientos atroces provocados por hambrunas constantes, enfermedades endémicas como la malaria, guerras civiles, etc. Ni que decir tiene que el resto de los seres vivos tampoco lo está pasando nada bien, se exponen a su extinción —en el reino salvaje— y cuando no a su explotación y tortura en nuestra extensa industria alimentaria, cosmética, armamentística o farmacéutica.

Una auténtica justicia tiene que velar por los intereses de todos los miembros de su comunidad moral. Cuando velamos por los intereses nos estamos preocupando por la idea de bien de estos grupos de individuos. Los humanos tenemos una pluralidad de ideas de bien; evidentemente no podemos preguntar a los no humanos sobre su idea de bien. Pero tanto filósofos como ecólogos o biólogos están de acuerdo en aceptar tres componentes centrales en la idea de bien de los no humanos, a saber, evitar el dolor, buscar el placer y permanecer en la existencia. Por lo tanto, una justicia interespecífica debe tener en cuenta los intereses tanto de humanos como de no humanos. El principio mínimo de justicia interespecífica defendido por Riechmann es el principio de mitad y mitad: el 50% del espacio ambiental disponible para la humanidad y el otro 50% para los no humanos[4].

Pensar que en pleno siglo XXI podemos hablar de justicia desde un posicionamiento antropocéntrico es inasumible e inaceptable por diferentes razones. A pesar de ello, es un pensamiento triunfante en nuestra historia occidental. Pablo de Lora establece una distinción interesante entre antropocentrismo por defecto y por exceso[5]. El primero de ellos proclama la superioridad del humano sobre el resto de los seres vivos porque el primero posee una cualidad o cualidades de las que carecen los segundos (ya sea el alma o la razón). El segundo admite la tesis anterior, pero le añade un plus: cuando nosotros instrumentalizamos a los no humanos en nuestros ritos, sacrificios o espectáculos, en realidad no los estamos humillando, sino que los estamos honrando. El antropocentrista por exceso parece decirnos: cuando los humanos que somos tan superiores, usamos a los no humanos que son inferiores, estos deberían estar agradecidos. Ambos tipos de antropocentrismo están situando al humano por encima de cualquier animal no humano; la consecuencia más evidente es que podremos instrumentalizarlos, usarlos. Estos planteamientos son injustos por varias razones. En primer lugar, porque el antropocentrismo va unido a la idea de dominación y ya hemos visto que

---

[4] *Ibid.*, p. 113. En este artículo Riechmann también establecerá las bases para poder materializar tal principio de justicia interespecífica.
[5] DE LORA, P., *Justicia para los animales*, Madrid, Alianza, 2003, pp. 45-76.

esta es una de las razones, como señalaron Adorno y Horkheimer en los cuarenta del siglo XX, del fracaso de nuestra pretendida Ilustración. El humano como dueño y señor de la Tierra a la que puede someter, dominar y, por tanto, explotar, conduce al sufrimiento a millones de seres vivos, humanos y no humanos, ¿es esto justo? En segundo lugar, el antropocentrismo se defiende desde la idea kantiana de que solo el humano posee valor en sí mismo. ¿Es esta idea una idea justa para el siglo XXI? Es un círculo vicioso, pero no deja de ser una idea antropocéntrica. Si estamos en sociedades postseculares y postmetafísicas, no tiene ningún sentido mantener que «Alguien» nos ha otorgado ese valor a los humanos porque nos ha hecho a su imagen y semejanza. ¿Por qué nos empecinamos en otorgar valor en sí mismo tan solo a los humanos? ¿Qué significa *tener valor en sí mismo*? Kantianamente significa que tenemos dignidad, o lo que es lo mismo, para el siglo XXI tener dignidad significa que no podemos ser humillados porque tenemos unos derechos que han de ser respetados, es decir, que no podemos ser instrumentalizados. Lo contrario del valor en sí mismo es el valor instrumental.

Pero seguimos sin contestar a la pregunta ¿por qué solo los humanos tienen valor en sí mismo? La respuesta más obvia que nos suelen dar los defensores de la superioridad humana —eliminando respuestas que sigan determinadas cosmovisiones religiosas o metafísicas— recalca el desarrollo exclusivo del humano de ciertas capacidades. Normalmente de capacidades cognitivas. ¿Es esta presuposición justa y correcta?

Aceptar esta presuposición como justa y correcta acarrea una consecuencia inmediata, a saber, podemos hacer uso de todo aquello que tenga valor instrumental, en este caso de los no humanos. Eso sí, dirán los bienestaristas, podemos usarlos, pero evitando cualquier tipo de sufrimiento innecesario: sí al uso y no al abuso, parecen decirnos los humanos bienestaristas que se compadecen del sufrimiento animal. Esta actitud no deja de ser producto, como afirma el pensador abolicionista norteamericano G. L. Francione, de la esquizofrenia moral que padecemos en nuestro trato con los no humanos[6]: «Nuestra esquizofrenia moral sobre los animales está relacionada con su estatus como propiedad. Aunque afirmemos que nos tomamos seriamente los intereses de los animales, estos continúan siendo necesaria y exclusivamente cosas,

---

[6] En la ética animalista hay al menos dos posicionamientos contrapuestos en cuanto al trato hacia los animales no humanos. Existe una posición bienestarista que no excluye el uso de los animales no humanos, pero dentro de unas condiciones que velen por su bienestar. En este caso podríamos comer carne, pero siempre y cuando esos no humanos viviesen y muriesen sin sufrimiento innecesario. En cambio, los abolicionistas como G. L. Francione subrayan la incongruencia de esta actitud. Si realmente nos preocupamos por los intereses de los no humanos, entonces debemos dejar de verlos como una propiedad nuestra que podemos usar a nuestro antojo.

dado que son mercancías que poseemos y que tienen únicamente el valor que elegimos otorgarles»[7].

Daré dos argumentos que muestran la injusticia y la incorrección de la pretendida superioridad cognitiva humana, que nos otorga valor en sí mismo, mientras que los animales no humanos han de conformarse con poseer valor instrumental.

El primer argumento tiene que ver con las importantes diferencias cognitivas que encontramos entre los humanos. Hay humanos que pueden desarrollar determinadas capacidades cognitivas y otros que no pueden; pensemos en los humanos que nacen con fuertes discapacidades psíquicas, pero sin ir a estos casos las diferencias cognitivas entre los humanos son evidentes y esto no nos lleva a afirmar que los menos capacitados sean inferiores y, por tanto, carezcan de valor en sí mismo. Alguien podría afirmar que no es lo mismo, ya que el sujeto humano con menos capacidades pertenece a nuestra especie, el animal no humano no es de la misma especie que nosotros. Esta afirmación cae en un callejón sin salida, ¿por qué hemos de pensar que los sujetos de nuestra especie son superiores a los de otra? Evidentemente son diferentes, pero ¿por qué superiores? Los que afirman que los sujetos humanos, independientemente de sus capacidades, poseen un valor en sí mismo por pertenecer a la tribu de los homininos, frente a los sujetos de otras especies, están cometiendo un prejuicio especista[8].

El segundo argumento desmonta la tan traída afirmación, por parte de los antropocentristas, de que los animales no humanos carecen de consciencia. En julio de 2012 se reunieron en Cambridge trece neurocientíficos de gran prestigio internacional junto a Stephen Hawking. Elaboraron un documento conocido como la *Declaración sobre la Consciencia de Cambridge*. Según palabras de Philip Now pretendían con ello que el público en general conociera algo que ellos ya conocían y que les era obvio: el hecho de que los animales no humanos tienen consciencia. En la conclusión de su documento se cita lo siguiente:

> De la ausencia de un neocórtex no parece concluirse que un organismo no experimente estados afectivos. Las evidencias convergentes indican que los animales no humanos tienen los sustratos neuroanatómicos, neuroquímicos y neurofisiológicos de los estados de la consciencia junto con la capacidad de exhibir conductas

---

[7] FRANCIONE, G. L., «Considerar seriamente la capacidad para sentir» en A. Herrera Guevara (ed.), *De animales y hombres*, Madrid, Biblioteca Nueva, 2007, p. 21.

[8] Los homininos son una subtribu de primates homínidos caracterizados por la postura erguida y la locomoción bípeda. Los humanos somos simios, miembros de la familia Hominoidea. Todo el linaje humano, compuesto por el Homo Sapiens y sus ancestros, se agrupan en la tribu Hominini. Para una mayor comprensión del linaje humano y de la evolución humana véase CELA CONDE, C. J., y AYALA, F. J., *Evolución humana. El camino de nuestra especie*, Madrid, Alianza editorial, 2013.

intencionales. Consecuentemente, el peso de la evidencia indica que los humanos no son los únicos en poseer la base neurológica que da lugar a la consciencia. Los animales no humanos, incluyendo a todos los mamíferos y pájaros, y otras muchas criaturas, incluyendo a los pulpos, también poseen esos sustratos neurológicos[9].

Esta afirmación tan concluyente no hace sino reforzar lo que el biólogo Donald Griffin ya señaló en su obra de 1992 *Animal Minds: Beyond Cognition to Consciousness*. Para Griffin si los animales no humanos poseen consciencia perceptual (por ejemplo, cuando un animal está corriendo y percibe conscientemente la carrera), no se les puede negar, consecuentemente, algún tipo de autoconciencia[10]. Negárselo sería arbitrario.

Una referencia última vuelve a insistirnos en la necesidad de rechazar la idea de que solo los humanos tenemos consciencia y autoconciencia. Me refiero al libro publicado en 2018 *La conscience des animaux*[11]. Esta obra recoge los resultados de una investigación multidisciplinar llevada a cabo por el Instituto Nacional de la Investigación Agronómica de Francia (INRA). El trabajo lo llevaron a cabo filósofos, biólogos, sociólogos y juristas a petición de la Unidad de Salud y Bienestar Animal de la Agencia Europea de Seguridad Alimentaria (EFSA). Las conclusiones del trabajo son muy contundentes y ponen en entredicho que los animales no humanos no sean conscientes de sí mismos, evalúen sus conocimientos (metacognición) o tengan recuerdos. Así, por ejemplo, tras los trabajos de J. D. Smith y otros autores se ha visto como los delfines o mamíferos terrestres (simios, roedores) son capaces de evaluar sus conocimientos[12].

Por lo tanto, seguir afirmando que solo los humanos somos sujetos de justicia porque solo nosotros tenemos valor en sí mismo, debido a nuestras exclusivas competencias cognitivas, es una afirmación tan falaz como injusta.

Desde el punto de vista de la justicia ética y política, afianzar una justicia intergeneracional e interespecífica es uno de los grandes retos a los que se enfrenta el humano del siglo XXI. Se enfrenta el humano porque él es el único que puede modificar el curso de los acontecimientos, pero las consecuencias de su actuación las sufren todos los seres vivos del planeta Tierra. Nosotros somos los que tenemos que elaborar una teoría de

---

[9] Low, P., *et. al., The Cambridge Declaration on Consciousness* in http://fcmconference. org/img/CambridgeDeclarationOnConciousness.pdf. La traducción es mía.

[10] Griffin, D. R., *Animal Minds: Beyond Cognition to Consciousness*, Chicago, University of Chicago Press, 2001.

[11] Le Neindre, P., Dunier, M., Larrère, R., Prunet, P., (coords.), *La conscience des animaux*, Versailles Cedex, Editions QUAE, 2018.

[12] Smith, J. D.; Schull, J.; Strote, J.; McGee, K.; Egnor, R.; Erb, L., «The Uncertain Response in the Bottlenosed Dolphin» in *Journal of Experimental Psychology: General*, 124 (4), 1995, pp. 391-408.

la justicia ambiciosa donde quepan, como sujetos de justicia, todos los seres vivos de la Tierra.

La pregunta que me gustaría lanzar en este punto es clara: ¿Los proyectos tecnocientíficos actuales ligados al transhumanismo asumen estos retos como propios o más bien siguen apegados a una visión cortoplacista y especista de la justicia? Veamos el caso.

## 2.2.  TRANSHUMANISMO TECNOCIENTÍFICO COMO BÚSQUEDA DE LA MEJORA POSITIVA FÍSICA

Reclamar exigencias éticas no significa poner trabas a los proyectos tecnocientíficos ligados al transhumanismo. No se trata de obstaculizar la investigación, sino de debatir qué tipo de proyectos son *los más justos para todos por igual* y, precisamente, fomentar esos proyectos frente a aquellos que olvidan que la justicia no debe ser patrimonio de unos pocos humanos.

Prohibir por prohibir es tan absurdo como permitir por permitir. Es necesario el debate a nivel científico, político y ciudadano. Estos debates han de ser rigurosos y cumplir con unas normas epistémicas de deliberación para que tengan peso a la hora de la toma de decisiones. El modelo democrático deliberativo debería ser el modelo preferido para poder deliberar dentro y fuera de las instituciones. Nuestras democracias occidentales han puesto énfasis en la deliberación entre los representantes políticos. Los parlamentarios, como representantes de la soberanía popular, deberían deliberar en el Parlamento sobre estos temas. ¿Es esto suficiente? Evidentemente no. Entre otras razones porque en el Parlamento, en la gran mayoría de las ocasiones, no se da una auténtica deliberación, sino que, en el mejor de los casos, se dan negociaciones. Una correcta deliberación exige la mejor información disponible, transparencia y publicidad, veracidad de los participantes y estar dispuestos a dejarse convencer por los mejores argumentos y, por ende, cambiar nuestras preferencias endógenas. La deliberación tiene como objetivo convencer para llegar a un consenso, preferiblemente por unanimidad[13]. La tarea no es nada fácil por muchas razones, pero una de las más evidentes tiene que ver con la formación de los legos. Es preciso una cierta formación para debatir sobre cuestiones tecnocientíficas. Pero la dificultad de la formación no puede ser una justificación para dejar las decisiones en manos de los expertos, sin preocuparse la ciudadanía y sus representantes políticos por

---

[13]  Véase MARTÍ, J. L., *La república deliberativa. Una teoría de la democracia*, Madrid, Marcial Pons, 2006.

las consecuencias de un desarrollo científico y técnico sin exigencias éticas. Los ciudadanos y los políticos, como sus representantes, deben preocuparse por temas tan importantes para el conjunto del planeta como es el tipo de desarrollo tecnocientífico que queremos que se dé. Para debatir sobre esto, se necesita una cierta formación. La labor no es tan ardua ni imposible, cada vez más tenemos una ciudadanía tecnológica capaz de comprender información científica y técnica.

La objeción más evidente, por parte de la mayoría de los expertos y legos, suele ser que las exigencias de la democracia deliberativa son inalcanzables. Por ejemplo, parece inalcanzable que los ciudadanos puedan debatir con conocimiento de causa, con formación científica y técnica adecuada, y parece inalcanzable llegar a un acuerdo por unanimidad. En definitiva, estaríamos ante un ideal regulativo inalcanzable. Ante estas objeciones tan realistas quisiera citar unas palabras del filósofo José Luis Martí:

> Un *ideal regulativo* se podría definir como *un horizonte normativo hacia el que debemos tender en la medida de lo posible.* Dicho horizonte normativo es un *estado de cosas* que evaluamos como *deseable o correcto* y, en este sentido, los ideales regulativos tienen que ver más con *ser* que con *hacer.* Dicho estado de cosas puede ser empíricamente alcanzable o no alcanzable, sin que ello afecte a la validez normativa del ideal. Puesto que aquello que tenemos la obligación de hacer depende de que nos acerquemos más o menos al estado de cosas ideal, el hecho de que el propio ideal sea inalcanzable no cancela nuestros deberes. En cambio, lo que sí hace es crear una *gradación de los mundos posibles* que median entre aquél en el que nos encontramos y el descrito como ideal, utilizando como criterio la proximidad con este último[14].

Tras las palabras de Martí solo cabe exigir una mayor cercanía al modelo ideal de deliberación. Ante temas tan importantes, como es el decidir el tipo de proyectos tecnocientíficos que debemos apoyar y fomentar, debemos exigir más formación y participación en la deliberación sobre estas cuestiones. Nos estamos jugando el presente y el futuro de los humanos y de todos los seres vivos no humanos.

Como he subrayado con anterioridad, es importante convencer al otro con los mejores argumentos. La argumentación y la deliberación son esenciales una vez que todas las partes implicadas en la deliberación tienen información y formación suficiente para poder argumentar razonadamente.

---

[14] *Ibid.*, p. 25.

### 2.2.1. ARGUMENTOS BIOCONSERVADORES CONTRA EL TRANSHUMANISMO TECNOCIENTÍFICO Y LA MEJORA POSITIVA

El debate sobre el transhumanismo, en numerosas ocasiones, se ha simplificado mostrando el conflicto entre los argumentos de los llamados bioconservadores y los argumentos de los bioprogresistas. Aun reconociendo que este planteamiento puede conducirnos a una visión maniquea del asunto, voy a agrupar a ciertos pensadores por sus críticas al transhumanismo. Algunas de estas críticas son más conservadoras que otras e incluso, algún autor, como es el caso de Jürgen Habermas, a veces tildado de bioconservador, plantea en ocasiones argumentos que no podrían ser tildados meramente de conservadores so pena de simplificar su argumentación.

Evidentemente tampoco voy a citar a todos los bioconservadores, me centraré en los que considero más oportuno comentar en relación con mi propia propuesta y argumentación.

### Leon Kass y Olivier Rey

Imaginemos que alguien en un debate sobre transhumanismo, sobre si debemos apoyar ciertos proyectos transhumanistas, argumenta que está en contra de tales proyectos porque se lo dicta su *sentido común*. Es cierto que todos sabemos, aunque sea intuitivamente, lo que es el sentido común; y estoy segura de que más de una persona ve acertado, en numerosas ocasiones, guiarse por su sentido común. Esto nos puede parecer normal, pero no es un argumento correcto para una deliberación pública donde estamos decidiendo sobre el futuro del planeta. Decidir si determinados proyectos transhumanistas son justos, aceptando que esta justicia abarca a las futuras generaciones y al resto de especies, requiere de la mejor justificación y argumentación posible. Apelar al sentido común no es el mejor argumento ni nos permite una fundamentación sólida. El sentido común, aun existiendo, no es tan común como parece, sino que tiene unos tintes claramente individuales y subjetivos. Seguramente lo que me dicte mi sentido común, difiere del de los demás. Puedo coincidir con algunos, pero ¿cómo convencer sobre algo que es pura subjetividad e intuición? Sentido común por sentido común, me quedo con el mío. El sentido común se suele emplear, precisamente, cuando no tenemos argumentos racionales para una acción. Este no es el mejor compañero de viaje para las deliberaciones tecnocientíficas.

De igual modo me parecen inaceptables argumentos como el que utiliza el médico y bioeticista norteamericano Leon R. Kass que apela a la «sabiduría de la repugnancia»[15]. Utiliza este término en un artículo sobre la clonación humana: «"Ofensivo, grotesco, nauseabundo, repugnante, repulsivo": estas son las palabras oídas con más frecuencia ante la perspectiva de clonar seres humanos [...] La repugnancia, aquí como en otras cosas, nos subleva contra los excesos de la arbitrariedad humana, nos advierte de que no podemos lesionar algo que es inexpresablemente profundo»[16].

La apelación a este tipo de argumentos, muy utilizados por bioconservadores como el francés Olivier Rey, es semejante al reclamo de sentido común. Es cierto que gran parte de la humanidad sentiría repugnancia por prácticas como comer carne humana, pero ni mucho menos es cierto que esa gran parte o mayoría se posicionara, por repugnancia, en contra de la clonación reproductiva o del uso de células madre embrionarias. Por lo tanto, considero que quien utiliza este tipo de argumentos está haciendo un uso demagógico de la expresión. Sería estupendo pensar que *la mayoría de la humanidad* es tan sensata que siente la misma *repugnancia moral hacia ciertas prácticas*, pero esto es un absurdo. ¿Por qué la mayoría no siente repugnancia moral ante la muerte de millones de seres humanos por falta de comida en gran parte del planeta y si siente repugnancia por el desarrollo de ciertas prácticas como la clonación reproductiva? Para los bioconservadores la repugnancia moral hacia determinados nuevos proyectos tecnocientíficos es tan fuerte que deberíamos prohibir su desarrollo, pero no parece que sea tan fuerte la repugnancia moral hacia la muerte de millones de inocentes porque parece que nadie impide el avance turbocapitalista que provoca estas muertes.

La sabiduría de la repugnancia moral la entienden Kass y Olivier Rey como la expresión emocional de una sabiduría honda, que está más allá de la capacidad de la razón para articularla[17]. Cuando se trata de determinar si seguimos o no adelante con ciertos proyectos tecnocientíficos, cuando se trata de justificarlos desde el punto de vista ético, nada está más allá de la razón. Nuestros argumentos han de ser articulados, explicados y bien justificados. No podemos olvidar que la *sabiduría de la repugnancia moral* históricamente ha sido el cajón de sastre de muchos de nuestros prejuicios. ¿No les repugnaba moralmente a los esclavistas abolir la esclavitud y ver a los esclavos como sus iguales? ¿No les repugnaba moralmente a muchos caballeros victorianos ver votar a las mujeres? El tópico defendido por Kass o por Rey no es, en este contexto, más

---

[15] Kass, L. R., «The Wisdom of Repugnance: Why We Should Ban the Cloning of Humans» in *Valparaiso University Law Review*, 32(2), 1998, pp. 679-705.

[16] *Ibid.*, pp. 686-687.

[17] Rey, O., *Engaño y daño del transhumanismo*, Madrid, Editorial Homo Legens, 2019. Versión digital.

que una tapadera de muchos de los prejuicios que provocan constantemente injusticias en el mundo.

Una de las tesis centrales de Olivier Rey en su obra *Engaño y daño del transhumanismo* tiene que ver con su visión atrofiada de la tecnología y de la modernidad. Rey insiste en la visión de una modernidad tecnologizada que en lugar de *hacer crecer al hombre* lo ha disminuido. La dependencia tecnológica de los humanos los hace débiles frente al sistema: «el individuo se siente humillado y patético. Es presa de lo que Anders llamó la "vergüenza prometeica", engendrada por la desproporción aplastante para la persona entre sus facultades propias y las del sistema. Esto es verdad, ante todo, a propósito de las máquinas»[18]. El engaño del *transhumanismo* para Rey procede de una falsa promesa: promete aumentar y mejorar al individuo con la ayuda del enemigo que anteriormente lo ha disminuido, la tecnología: «El sueño de aumentarse mediante la tecnología seduce a unos seres previamente disminuidos por esa misma tecnología»[19].

¿Por qué afirmo que esta es una visión atrofiada de la modernidad y la tecnología? Por varias razones. En primer lugar, aunque sea cierto que los humanos occidentales, algunos, puedan sentirse abrumados por el exceso de tecnología *para consumir*, esto no invalida para nada el desarrollo tecnológico que ha traído consigo la modernidad. Invalida usos y abusos concretos que se han llevado a cabo en determinados proyectos tecnológicos, pero la tecnología no es un ser con alma y voluntad propia que se haya propuesto disminuir al hombre. Ya quisieran muchos no occidentales disponer de cierta tecnología médica o alimentaria para evitar lo que podría evitarse, su muerte. Es un argumento demagógico hablar de la tecnología como la mala de la modernidad, esto es simplista y no tiene ningún valor racional, sino emotivo. El humano es el que toma decisiones constantes sobre el progreso científico y tecnológico, por lo tanto, él es el único responsable. Tan ingenuo y falso es creer en una tecnología *salvífica* que nos solventará todos los problemas que estamos generando los humanos en el planeta Tierra, como creer en una tecnología *demoníaca* culpable de todos los males que acaecen en nuestro siglo XXI.

Alguien podría objetar que Rey, cuando realiza su crítica al transhumanismo, se está centrando en los proyectos más ligados a la robótica y a la inteligencia artificial que estarían proclamando el fin del humano y la aparición de lo posthumano. Este es precisamente otro de los *problemas* del libro de Rey, no hace distinciones, critica todo como *transhumanismo*, sin diferenciar proyectos transhumanistas tecnocientíficos que están mejorando la vida de las personas de proyectos posthumanos

---

[18] *Ibid.*, p. 58.
[19] *Ibid.*, p. 82.

como el señalado por Rey, el proyecto de inteligencia artificial del australiano Hugo de Garis[20]. Según este investigador aparecerán en el siglo XXI
máquinas que llama *artilects*, una hibridación entre lo artificial y la inteligencia humana, que sobrepasarán en billones de billones la inteligencia humana. El conflicto para de Garis es evidente y se dará una guerra
entre los partidarios de los *artilects* llamados *cosmistas,* los *terranos* —que
evidentemente se oponen a estas nuevas máquinas— y los *cíborgs* deci-
didos a transformarse en *artilects*. El apocalipsis parece que llegará con
un conflicto capaz de generar billones de muertes.

Este es uno de los problemas del bioconservador Rey, mezclar en un
mismo saco todo tipo de proyectos tecnocientíficos para acabar haciendo
una crítica total, radical y conservadora de la tecnología. En esta crítica
la tecnología es la madre de todos los males. Hasta tal punto lleva Rey
su crítica conservadora que compara y relaciona al transhumanismo
con el nazismo[21]. Estaríamos ante una crítica tan conservadora como
demagógica. Acaba su obra proponiendo urgentemente disminuir nuestra dependencia tecnológica y aumentar el uso de nuestras facultades y
virtudes humanas. Sensata puede parecernos la propuesta del pensador
francés, pero ¿acaso los defensores de muchos de los proyectos transhumanistas tecnocientíficos —y no digamos del transhumanismo crítico o
cultural— no estarían también a favor de esta propuesta? Desde que el
hombre es hombre su vida en la Tierra depende del uso que hace de la
tecnología. No se trata de no depender, sino de delimitar claramente el
tipo de dependencia que queremos. Tampoco se trata, desde el punto de
vista ético y político, de promover virtudes (¿qué virtudes, la de los hombres blancos, heterosexuales y judeocristianos?), sino de exigir justicia.

## Michel J. Sandel

Es otro de los pensadores bioconservadores cuyos argumentos me
gustaría analizar. Me centraré en su libro *Contra la perfección*[22]. El filósofo estadounidense tomará cuatro ejemplos de la ingeniería genética e
intentará responder qué aspectos de la libertad o del desarrollo humano
resultan amenazados por estas cuatro prácticas, a saber, la mejora de la
musculatura, los hijos diseñados, la mejora de la memoria, la optimización

---

[20]  GARIS, H. de, *The Artilect War: Cosmists vs. Terrans. A Bitter Controversy Concer-
ning Whether Humanity Should Build Godlike Massively Intelligent Machines*, ETC Books,
2005.
[21]  REY, O., *Engaño y daño del transhumanismo, op. cit.*, pp. 129-131. Rey llega a se-
leccionar un texto de Hitler como premonitorio de nuestra equivocada relación con la
naturaleza.
[22]  SANDEL, M. J., *Contra la perfección*, Barcelona, Penguin Random House, 2021.

de la altura y la selección de género. El argumento central de Sandel, para criticar estas prácticas de optimización de facultades o de selección de género, consiste en remarcar la semejanza de estas prácticas con la eugenesia. Para Sandel la exigencia constante en la que vivimos dentro de nuestras sociedades, cada vez más competitivas, nos acerca a la eugenesia[23]. El pensador estadounidense habla de vieja y nueva eugenesia. Todos recordamos la figura de Galton en el siglo XIX como uno de los fundadores y defensores de la práctica eugenésica y, como no, de la eugenesia llevada a cabo por el nacionalsocialismo en la Alemania nazi. A diferencia de estas prácticas del pasado, la nueva eugenesia es caracterizada por Sandel de *eugenesia de libre mercado*. Es el tipo de eugenesia que lleva a Robert Nozick a defender, a mediados de los setenta del siglo XX, lo que denomina un «"supermercado genético" que satisfaga las especificaciones materiales (dentro de ciertos límites morales) de padres en potencia»[24]. O lo que están defendiendo Allen Buchanan, Norman Daniels, Robert Dworkin o Peter Singer, en la llamada *eugenesia liberal*[25]. Estaríamos hablando de la defensa de una optimización genética no coercitiva comparable, para estos autores, con la educación. Esta equiparación ha recibido numerosas críticas, como la expuesta por Habermas en *El futuro de la naturaleza humana*. En este punto sigamos con Sandel. Para el autor estadounidense, esta nueva eugenesia es repudiable, a diferencia de la educación, «porque manifiesta y promueve una actitud hacia el mundo de control y dominio; que no reconoce el carácter de don de las capacidades y los logros humanos, y que olvida que la libertad consiste en una negociación permanente con lo recibido»[26]. Supongamos que Sandel tiene razón, es decir, los proyectos transhumanistas relacionados con la biotecnología o la robótica podrían conducir al triunfo de la cultura del dominio frente a la cultura del don. Por supuesto, estoy utilizando un condicional, ni Sandel ni ningún otro pensador bioconservador puede hacer afirmaciones apocalípticas sin que sean posibles futuribles, nos movemos en el terreno de los contrafácticos. Esta es la debilidad, precisamente, de las críticas conservadoras afincadas en la prohibición por el miedo a lo que pasará. Frente a esto quisiera hacer la siguiente reflexión: sin acudir a contrafácticos, sino acudiendo al pasado, hemos vivido muchas etapas en la historia de la humanidad en donde la cultura del dominio se ha impuesto a la cultura del don. Toda la etapa colonial de Occidente no es más que un ejemplo de lo que el pensador norteamericano está temiendo que ocurra con el transhumanismo tecnocientífico. La actitud de Occidente,

---

[23] *Ibid.*, p. 51.

[24] NOZICK, R., *Anarquía, estado y utopía,* México, FCE, 1988, p. 302.

[25] Véase KUHSE, H. and SINGER, P. (comps.), *Bioethics*, Londres, Blackwell, 2000.

[26] SANDEL, M.J., *Contra la perfección, op. cit.*, p. 68.

en la mayor parte de nuestra historia, hacia otros pueblos, otras culturas, hacia las mujeres, las diferentes etnias o hacia la naturaleza y los animales no humanos es un claro ejemplo del triunfo unilateral del dominio frente al don. Paradójicamente, solo a partir de mediados del siglo xx, y en nuestro siglo xxi, aparece con fuerza el repudio del dominio hacia lo diferente. A lo diferente se le han *otorgado* otras capacidades diferentes, pero esto no justifica nuestra pretendida superioridad que nos lleva a dominar lo desconocido. Esta tarea de denunciar la cultura del dominio la ha realizado, y lo sigue realizando, el transhumanismo crítico o cultural. Dentro de este tipo de transhumanismo se encuentran los estudios y movimientos postcoloniales, feministas, ecologistas y animalistas, por citar algunos de ellos. Muchos de los argumentos utilizados por estos movimientos no proceden de visiones *pietistas* del mundo. No se trata de agradecer, ¿a quién? ¿A Dios, a la naturalza, al destino?, lo que se nos ha dado, sea lo que sea. Se trata de mostrar con argumentos facilitados en numerosas ocasiones por la ciencia, y desarrollados por ciertas tecnologías, que donde veíamos inferioridad solo hay diferencia, e incluso que tal diferencia es menor de lo que pensábamos. Por ejemplo, solo gracias a los trabajos de los neurocientíficos, biólogos y etólogos podemos hoy en día hablar de consciencia en los animales no humanos.

En definitiva, frente a los argumentos de Sandel, considero que no ha hecho falta, en la historia de la humanidad, ningún proyecto transhumanista para hacer triunfar la cultura del dominio sobre la del don; y, por otra parte, paradójicamente, tal vez la única forma de hacer tambalearse a la cultura del dominio venga de la mano de determinados tipos de transhumanismo. Una nueva razón para rechazar de plano la actitud conservadora de prohibir por prohibir.

Por último, un apunte más sobre la crítica de Sandel quien define la libertad como una negociación permanente con lo recibido[27]. ¿Acaso el sujeto que busca una mejora positiva o negativa no está negociando con lo recibido? Y, por supuesto, el hijo diseñado también puede negociar con lo recibido. ¿Por qué habría de ser menos libre ateniéndonos a la definición de Sandel?

En relación con el tema de la libertad, no quisiera acabar este apartado sin citar algún argumento de Habermas en relación con estos tópicos.

## Habermas

Autores como Fukuyama, Kass, Sandel o Habermas han sido tildados de bioconservadores y se los ha criticado por defender un argumento

---

[27] *Ibid.*, p. 68.

esencialista contra los proyectos transhumanistas ligados, fundamentalmente, a la genética. Es decir, para estos autores existiría una propiedad
fundamental de los seres humanos que limita y restringe lo que podemos hacer con ellos[28]. Esta crítica general hacia los bioconservadores es
cierta, pero quisiera matizar y detenerme en algún punto expuesto por
Habermas.

I.  El filósofo frankfurtiano ha sido siempre un gran defensor de una
    filosofía moral con claro tinte formal y procedimental. Durante
    gran parte de su trabajo ha mantenido a raya la separación entre
    las cuestiones de justicia y las cuestiones relacionadas con una ética
    de la vida buena[29]. Su propuesta denominada *Teoría de la acción
    comunicativa* es un vasto proyecto ético y político que pretende
    construir un procedimiento justo que nos permita alcanzar deci-
    siones justas a la hora de dirimir los conflictos éticos y políticos.
    Detrás de su propuesta, evidentemente, subyace una potente teoría
    de la justicia. Sin entrar en el análisis de su propuesta, no es el caso
    para la argumentación de este trabajo, sí quiero destacar su afán
    de separar lo justo de lo bueno. La filosofía moral debe centrarse
    en lo justo y no en la idea de bien.
    Esta decisión metodológica parece que se trunca en el año 2001
    cuando publica en alemán el que será su libro fundamental de
    bioética, *El futuro de la naturaleza humana. ¿Hacia una eugenesia
    liberal?* Hasta tal punto trastoca su trayectoria filosófica la reflexión
    sobre cuestiones ligadas al tipo de vida que debemos llevar o decisio-
    nes que hemos de tomar, para alcanzar una vida buena o no fallida,
    que Habermas comienza su libro con una sección titulada «Absten-
    ción fundamentada. ¿Hay respuestas postmetafísicas a la cuestión
    de la "vida recta"?» Habermas, como indica el título de la sección,
    va a justificar por qué considera que en ese preciso momento ha
    de decir algo sobre las cuestiones de la vida recta. Aspecto que no
    había tenido en cuenta en sus anteriores obras. Por supuesto, inten-
    tará exponer cómo esa reflexión sobre cuestiones más cercanas a
    la vida buena se puede realizar desde un posicionamiento post-
    metafísico. No cabe, para el autor de *Pensamiento postmetafísico*,

---

[28] Véase DIÉGUEZ, A., *Transhumanismo. La búsqueda tecnológica del mejoramiento
humano, op. cit.*, posición 1708.

[29] En terminología de Habermas es importante hacer una triple distinción en el ámbito de las cuestiones prácticas. Por un lado, lo que denomina las cuestiones morales, que
tendrían relación con la idea de justicia; por otro, las cuestiones pragmáticas relacionadas
con la elección racional y, por último, las cuestiones éticas acerca de la vida buena o no
fallida. Véase HABERMAS, J., «Una consideración genealógica acerca del contenido cognitivo de la moral» en *La inclusión del otro*, Barcelona, Paidós, 1999, p. 78.

analizar estas cuestiones desde posicionamientos metafísicos ligados a alguna cosmovisión, religiosa o secular. Acude al ejemplo del
pensador danés Kierkegaard para mostrar que se pueden hacer planteamientos sobre la vida recta, como la cuestión kierkegaardiana
central de *querer llegar a ser sí mismo,* fuera de la metafísica (recordemos que Kierkegaard se postula siempre como un pensador
postmetafísico). Su primera justificación es metodológica. Nos
viene a decir, podemos reflexionar sobre la vida recta, pero eso
sí desde un posicionamiento postmetafísico[30]. En este sentido,
precisamente porque rechaza cualquier forma de pensamiento
metafísico, en principio, no cabría acusarlo de ser un pensador
esencialista; característica muy presente en pensadores bioconservadores que suelen fabricar una esencia llamada *naturaleza
humana.* Por esta razón nos extrañan algunas de las afirmaciones
posteriores que realiza en su obra sobre aspectos bioéticos. Afirmaciones que sí podrían permitir que se le acusara de esencialista en el tratamiento de la naturaleza humana. Veamos. Para el
filósofo frankfurtiano estamos viviendo un auge de las llamadas
biotecnologías, tal ascenso podría poner en peligro la autocomprensión ética de la especie. Con sus palabras: «Tan pronto está en
juego la autocomprensión ética de sujetos aptos para el lenguaje
y la acción *en total,* la filosofía no puede seguir sustrayéndose de
adoptar una postura en cuestiones de contenido»[31]. Esta afirmación será una de las que sitúe a Habermas en las filas de los bioconservadores e incluso permite que se le tache de esencialista.
¿Por qué la terapia génica, o cualquier manipulación génica, que
suponga una mejora positiva (eugenesia positiva), pone en peligro la autocomprensión ética de los sujetos? Solo puede haber una
razón para este miedo o precaución: se está afirmando implícita-
mente que, en nuestra naturaleza humana, en este caso en nuestros
genes, se encuentra una parte valiosa de nuestra autocomprensión
ética. En páginas posteriores se pregunta «si la tecnificación de
la naturaleza humana modificará la autocomprensión ética de la
especie de manera que ya no podamos vernos como seres vivos
éticamente libres y moralmente iguales, orientados a normas y
razones»[32]. Pensar, como parece afirmar Habermas, que cualquier
mejora positiva puede conducirnos a perder nuestra autocomprensión como seres libres e iguales, no solo es una tesis esencialista

---

[30] HABERMAS, J., *El futuro de la naturaleza humana. ¿Hacia una eugenesia liberal?,*
*op. cit.,* pp. 11-28.
[31] *Ibid.,* pp. 23-24.
[32] *Ibid.,* p. 60.

—cuando paradójicamente Habermas estaría en contra del naturalismo determinista o determinismo biológico—, sino una tesis que no se apoya en ninguna evidencia científica. Parece más bien una intuición. Si realmente no somos deterministas biológicos, no tiene sentido tanto rechazo a prácticas de mejora positiva (sin afirmar que todas deban ser permitidas, habría que estudiar caso a caso) sobre nuestra genética, entre otras razones, porque al manipular nuestros genes no estamos manipulando una esencia bajo la que subyace nuestra identidad ética. Parafraseando al constructivismo, «nuestra identidad ética se construye, no se descubre»; no se descubre en una esencia llamada *naturaleza humana*[33].

II.  Es evidente que argumentos como los analizados en el apartado anterior colocan a Habermas más cerca de los bioconservadores que de los bioprogresistas. A pesar de ello, me gustaría destacar otro argumento habermasiano para criticar proyectos ligados a algún tipo de eugenesia positiva: el hecho de que manipulando las células germinales podamos manipular no solo a un individuo, sobre el que recaería toda la carga de la prueba, sino sobre toda la especie[34]. Evidentemente, la carga de la prueba no puede residir sobre la especie. No se puede consultar a toda la especie —ni por supuesto a las futuras generaciones, a las no nacidas— sobre la bonanza de ciertas manipulaciones en las células germinales que se van a ir transmitiendo de individuo a individuo, de generación en generación y que nos afectarían a todos como miembros de la misma especie. ¿Acaso tendría que dar el consentimiento el Estado? Este punto parece entrar en contradicción con la idea de un libre mercado genético, exento de coacción, tal y como proponen los defensores de la eugenesia liberal.

---

[33] Para una propuesta de un nuevo concepto de naturaleza humana, que escape tanto de la metafísica tradicional como de la caracterización naturalista de las neurociencias, el filósofo Jesús Conill propone una concepción biohermenéutica: «Desde este nuevo acceso a la naturaleza humana, más que de un mero "ser natural", habría que hablar de un ser natural-cultural [naturocultural], cuyos "cerebros socializados" son capaces de desarrollar procesos de "formación" progresiva y de "aprendizaje" individual y social [...] de lo que se trata propiamente es de una biohermenéutica de la naturaleza humana», CONILL, J., *Intimidad corporal y persona humana*, Madrid, Tecnos, 2019, pp. 130-131.

[34] «Con la terapia génica se corrige el funcionamiento anómalo de un gen. Se denomina terapia génica somática cuando se aplica a células del organismo (sangre, órganos, etc.) —principalmente para aplicaciones oncológicas, medicina cardiovascular o tratamiento de enfermedades genéticas; los genes insertados no son transmitidos a las generaciones siguientes. Se denomina terapia génica germinal cuando se practica sobre células reproductivas (ovocito y espermatozoide) o sobre embriones; en este caso, el cambio se transmite a la progenie». En FIORI, F., *Informe sobre las repercusiones éticas, jurídicas, económicas y sociales de la genética humana*, Parlamento Europeo, A5-0391/2001, p. 62.

La resolución del Parlamento Europeo de marzo de 1989 es clara al respecto. En cuanto a la terapia génica en células somáticas humanas, en su punto 22, la considera un tratamiento básicamente defendible, eso sí siempre y cuando se informe al afectado y se recabe su consentimiento. Aconseja que se elabore un catálogo bien perfilado de las enfermedades a las que podemos atacar con la terapia génica. Y lo que considero esencial, insta a que «se reconsideren los conceptos de enfermedad y tara genética para evitar el peligro de que se definan en términos médicos como enfermedades o taras hereditarias lo que no son sino simples desviaciones de la normalidad genética»[35]. En cuanto a la intervención genética en la línea germinal humana, en los puntos 27 y 28, insiste en «que deberán prohibirse todos los intentos de recomponer arbitrariamente el programa genético de los seres humanos. Exige la penalización de toda transferencia de genes a células germinales humanas»[36]. Como vemos, la norma europea es bastante restrictiva en cuanto a la intervención en células germinales. Restricciones justificadas si pensamos que todavía hoy la intervención en células germinales está más en fase de experimentación y de investigación básica que en fase de investigación clínica[37]. Y es evidente que no podemos pasar de una investigación básica a clínica hasta que la primera nos garantice eficacia y, sobremanera, seguridad. Esto mismo vemos que está ocurriendo con la técnica CRISPR. Es cierto que esta técnica, que la podríamos definir como una especie de tijera molecular que permite cortar y pegar trozos de material genético en cualquier célula, ha revolucionado la terapia génica[38]. Pero como afirman investigadores como Lluís Montoliu, investigador del Centro Nacional de Biotecnología del CSIC, el nivel de incertidumbre es todavía muy elevado[39]. A pesar de este nivel de incertidumbre como señala el propio Montoliu no deja de sorprender un informe de 2017:

> Probablemente uno de los estudios más completos sea el que publicó en 2017 la Academia Nacional de Ciencias de EE. UU. (NAS), con la participación de numerosos expertos. En este informe, se recomendaba inesperadamente (a diferencia de la mayoría de informes anteriores de otras instituciones, principalmente europeas) autorizar el uso de técnicas de edición genética en embriones humanos con

---

[35] Doc. A 2-327/88, 16 de marzo de 1989, *Diario Oficial de las Comunidades Europeas*, n.º C 96/165, 17 de abril de 1989, p. 5.

[36] *Ibid.*, p.5.

[37] Hablamos de investigación básica cuando la experimentación se lleva a cabo en animales no humanos, cultivos celulares, modelos informáticos, etc.; la investigación clínica trabaja con los sujetos humanos.

[38] WU, Y.; LIANG, D.; WANG, Y.; BAI, M.; TANG, W.; BAO, S.; *et al.*, «Correction of a Genetic Disease in Mouse Via Use of CRISPR-Cas9», *Cell Stem Cell*, 13, 2013, pp. 659-62.

[39] MONTOLIU, LL., *Editando genes: recorta, pega y colorea*, Pamplona, Next door publishers, 2021.

la consiguiente obtención de alteraciones genéticas heredables, siempre y cuando se cumplieran una retahíla de condicionantes, entre ellos: uso restringido a temas clínicos, única y exclusivamente para tratar o prevenir una enfermedad grave, en ausencia de alternativas razonables, solo para genes cuya asociación con la enfermedad haya sido demostrada fehacientemente, solo para convertir esas variantes patológicas a otras existentes en la población asociadas a una salud normal y sin evidencia de efectos adversos, con un seguimiento cuidadoso de las personas que nacieran de estos ensayos y de sus descendientes y todo con total transparencia, compatible con la privacidad debida a los pacientes involucrados[40].

Como el propio Montoliu señala existen alternativas a la edición genética de embriones humanos con fines terapéuticos, alternativas tales como el diagnóstico genético preimplantacional (DGP)[41]. A pesar de ello no podemos obviar que este es el primer informe que abre la puerta a la intervención en la línea germinal[42]. Más aún existen los llamados *biohackers* dentro del transhumanismo tecnocientífico que pretenden que todo el mundo pueda tener acceso al llamado *kit de edición genética* para poder cambiar su genoma. Ante esto los científicos, como Montoliu, quieren alertar de los peligros del uso irresponsable de estas técnicas.

Por todo ello, considero bastante acertada la posición de Habermas en este punto concreto, es decir, deberíamos aplicar el principio de precaución de una manera exhaustiva ante estas técnicas tan innovadoras y potencialmente tan fructíferas como peligrosas. Hoy más que nunca se necesita cuestionar la sentencia cientificista «lo que se pueda hacer, se hará», con el objetivo primordial de fomentar una investigación segura, eficaz, responsable y pareja a un debate transparente que permita que todos nos podamos beneficiar de los posibles avances biotecnológicos[43].

## 2.2.2. Argumentos a favor de la mejora positiva desde el transhumanismo tecnocientífico. Los llamados bioprogresistas

En este apartado me centraré en lo que he denominado, haciendo una analogía con la distinción entre eugenesia negativa y eugenesia positiva, la mejora positiva. La razón de no detenerme en la mejora negativa es

---

[40] *Ibid.*, pp. 333-334. Edición Kindle.
[41] Véase *Ibid.*, cap. 13.
[42] En julio de 2018 el Nuffields Council on Bioethics (NCB, Londres, Reino Unido) presentó un informe en la misma línea que el informe presentado por la NAS. Véase MONTOLIU, LL., *op. cit.*, pp. 336 y ss.
[43] Este es el objetivo de la iniciativa ARRIGE (*Association for Responsible Research and Innovation in Genome Editing*). *Ibid.*, p. 341.

bastante sencilla, no me parece problemática ni desde el punto de vista ético, ni social ni político. Desde que se desarrolló la medicina moderna, la biomedicina y los programas biotecnológicos, nadie podrá negar que intentar mejorar la vida de las personas con determinadas discapacidades o enfermedades es algo justo. La mayoría de los ciudadanos lo ven de esta manera. Aun así, podemos encontrarnos con dos tipos de argumentos que rechacen la mejora negativa.

Un primer argumento insistiría en no violentar lo que *se nos ha dado*. Este tipo de afirmación suele proceder de personas con fuertes cosmovisiones religiosas. Dios nos ha dado determinadas capacidades y nos ha privado de otras, tanto desde nuestro nacimiento como a lo largo de nuestra vida, por lo tanto, para este tipo de personas no debemos interferir en lo dado salvo en situaciones en que peligre claramente la vida del sujeto afectado. Ni que decir tiene que esta manera de argumentar es inaceptable desde posicionamientos de una ética y bioética laica. Por lo tanto, pueden ser admitidos como argumentos defendibles por ciertas personas que asumen una idea de bien, un proyecto de vida buena, para ellos, pero son argumentos inaceptables para ser expuestos en la esfera pública formal y, por supuesto, inaceptables para intentar imponerlos a los demás. Estos sujetos pueden tomar decisiones que les afectará a su vida y a la de sus hijos, ellos serán responsables de las decisiones que tomen. Y, por supuesto, no hay que olvidar que abstenerse de mejorar la vida de las personas no es una actitud neutral, cuando te abstienes ya estás tomando una decisión. Ellos habrán de responder de sus decisiones.

Por ejemplo, imaginémonos que unos padres con creencias fundamentalistas se niegan a implantar a su hijo nacido sordo un implante coclear con el argumento de no interferir en la voluntad de Dios. Imaginemos, igualmente, que las autoridades sanitarias, legalmente, han de respetar la decisión de los padres aun sabiendo que si no se realiza la intervención en ese momento la probabilidad de éxito de la operación disminuye drásticamente. Evidentemente, la decisión de los padres no es neutral, marcará la vida de su futuro hijo para siempre. Ellos tendrán que dar cuentas de su decisión a su hijo cuando este pueda ser consciente de lo que podría haber sido su vida y no fue.

De igual modo, hagamos otro ejercicio mental. Pensemos en unos padres sordos que no quieren que su hijo reciba el implante con el argumento, no religioso, de que si esto ocurriera su hijo sería apartado de la llamada *cultura de los sordos*, más aún llegan a afirmar que el implante coclear es un genocidio de la cultura de los sordos[44]. Este ejemplo muestra un segundo argumento para defender lo que se nos ha dado y oponerse

---

[44] Véase SINGER, P., «De compras por el supermercado genético» en *Isegoría*, 27, 2002, pp. 19-40.

a la mejora negativa. En este caso los padres no apelan a Dios, sino al hecho de que «eliminar el rasgo de la Sordera destruirá "un conjunto de individuos cuya identidad se puede distinguir y diferenciar en términos de una tradición cultural común o de una herencia cultural común" (este conjunto de individuos desaparecerá). Luego el implante coclear es un genocidio»[45].

La mayor parte de los ciudadanos estaría en contra de los que emplean el argumento religioso para oponerse a la mejora negativa de su hijo sordo, pero no tantos se opondrán al argumento que apela a un grupo étnico, el de los sordos, con una identidad ligada a una tradición cultural común. Ahora bien, es evidente que el resultado es el mismo, el hijo seguirá con su discapacidad o diversidad funcional el resto de su vida, e, igualmente, la responsabilidad de los padres es la misma en un caso u otro. Ambas parejas de padres tendrán que dar cuenta, a su futuro hijo, de la decisión tomada.

Como Peter Singer señala en su artículo «De compras por el supermercado genético», los padres que han rechazado que su hijo reciba el implante (Singer solo expone el caso de los que apelan a la cultura de los sordos, no expone el argumento religioso) deben creer que se valora igual tener ciertas aptitudes que no tenerlas o que es igualmente deseable tener ciertas capacidades o no tenerlas. La mejor respuesta a esta creencia, como también muestra Singer, la da Allen Buchanan cuando afirma:

> Infravaloramos las discapacidades porque valoramos las oportunidades y el bienestar de las personas que las tienen —y es porque valoramos a las personas, a todas las personas, que nos preocupan las limitaciones a su bienestar y a sus oportunidades—. También sabemos que las discapacidades como tales disminuyen el bienestar y las oportunidades incluso cuando no son tan graves que la vida de quienes las tienen no disminuye su valor. Así pues, no hay nada incoherente o hipócrita en nuestra afirmación de que infravaloramos las discapacidades y deseamos reducir su incidencia y que valoramos a todas las personas *vivas* que tienen discapacidades[46].

Por lo tanto, como vemos en los ejemplos que acabo de exponer, no existen argumentos convincentes y laicos para oponerse a la mejora negativa. Precisamente, si nos preocupamos por las personas, por la igualdad de oportunidades entre ellas y por el bienestar, resulta incomprensible oponerse a la mejora negativa cuando sabemos que esa mejora supondría un incremento en la probabilidad de tener una vida más fácil y placentera.

---

[45] *Ibid.*, p. 21.
[46] BUCHANAN, A., «Choosing Who Will Be Disabled: Genetic Intervention and the Morality of Inclusion», *Social Philosophy and Policy*, 13, 1996, pp. 18-45, p. 33.

No podemos ser hipócritas y negar el gran número de barreras con las que se tienen que enfrentar muchas personas con diversidad funcional. Por supuesto que defender la mejora negativa no es incompatible con seguir luchando por eliminar las diferentes clases de barreras y dificultades a las que han de enfrentarse numerosas personas que tienen limitadas sus capacidades. Por esto mismo, porque no son dos actitudes incompatibles, se deben favorecer ambas. La mejora negativa es una forma más de eliminar barreras para ese tipo de discapacidades que pueden aliviarse o paliarse con determinados avances biomédicos.

Adentrémonos en la mejora positiva. ¿Encontramos convincentes argumentos a favor de esta práctica? La respuesta la vengo exponiendo desde el inicio de este libro: tendremos que analizar proyecto a proyecto para hacer una valoración positiva o negativa del mismo. No todo transhumanismo tecnocientífico nos conduce a la eliminación del humano y a la aparición de no se sabe bien qué posthumano.

Existen diferentes baremos para evaluar los proyectos transhumanistas tecnocientíficos, pero insisto en los criterios que vengo exponiendo: examinar cómo abordan esos proyectos y cómo se vinculan con una idea de progreso moral y de justicia (en sus tres dimensiones justa redistribución, justo reconocimiento de la identidad y justa representación política) donde la justicia interespecífica e intergeneracional cobren cada vez más fuerza.

Si apoyamos proyectos del transhumanismo tecnocientífico tenemos que responder muy claramente, desde cada uno de los proyectos, a las tres preguntas claves que señala Koch en un artículo de 2010: ¿mejorar a quién?, ¿mejorar qué? y ¿mejorar para qué?[47] Si al responder a estas preguntas estamos respetando los criterios de justicia y progreso moral que he establecido, estaremos en vías de admitir la viabilidad ética y política del proyecto analizado.

Pongamos un caso. El siglo XXI es el siglo de la biología sintética, el cambio de paradigma de la biología molecular a la sintética ha revolucionado metodológica y axiológicamente la investigación científica[48]. La biología sintética pretende el diseño y la modificación genética de organismos vivos mediante la aplicación de la ciencia, la tecnología y la ingeniería. Intenta ser un método más rápido y sencillo para fabricar *organismos modificados genéticamente*. Los llamados *Biobricks* son un ejemplo del nuevo ensamblaje de piezas de ADN. Para muchos científicos es una de las tecnologías más poderosas y podría estar entre sus

---

[47] KOCH, T., «Enhancing Who? Enhancing What? Ethics, Bioethics and Transhumanism» in *Journal of medicine and Philosophy*, 35, 2010, pp. 685-699.

[48] Véase MOYA, A., *El cálculo de la vida*, Valencia, Publicacions de la Universitat de València, 2014.

prioridades el control y la modificación del genoma humano. Organismos institucionales como la Comisión Europea han encargado informes para analizar esta nueva tecnología. En estos informes se nos avisa no solo de sus beneficios, sino también de sus riesgos potenciales, por ejemplo, en la afectación a la biodiversidad[49].

Lo que nos interesa por el momento es intentar proyectar hacia dónde nos dirigen estos proyectos para saber si debemos seguir adelante o no. Esta nueva técnica permitiría un biomejoramiento humano a través tanto de medicamentos como de la modificación de nuestro genoma humano. Hacernos más listos, vivir más tiempo e incluso como afirma Savulescu «crear humanos con la visión de un halcón, el oído y el olfato de un perro, el sonar de un murciélago [...] e incluso la capacidad de generar energía mediante la fotosíntesis a partir de la luz del Sol»[50].

¿Qué podemos decir sobre la justicia de estos proyectos tan atrayentes? ¿Son necesarios para alcanzar el tan ansiado progreso moral? En sí mismos estos proyectos serían defendibles, siempre y cuando se nos diesen completas garantías de su seguridad y eficacia. Hoy en día una gran parte de los científicos y tecnocientíficos no pueden garantizar la seguridad de la mayoría de estas mejoras. Este punto ya debería limitar el afán expansionista con el que se nos presentan. Pero imaginemos que hemos alcanzado la plena seguridad de que no causarán efectos adversos irreversibles en los humanos y, sigamos imaginando, que se demuestra que son realmente eficaces a la hora de aumentar el bienestar y la calidad de vida de las personas. Si esto fuera realmente así, todas las personas, o gran parte de ellas, querrían tener acceso a esas mejoras positivas. Si no se da el caso —siendo realistas estaríamos limitándonos a los ciudadanos occidentales—, es decir, si ni siquiera todos los ciudadanos occidentales pudieran elegir libremente esas mejoras positivas, evidentemente no se estaría cumpliendo con el principio de la justa distribución de los bienes y servicios. Alguien podría objetar que esto es un problema ético y político, que no depende de la tecnociencia ni de los tecnocientíficos y que en todo caso es un problema *a posteriori*, a resolver por la política una vez implementados los proyectos. Argumentos como estos nos retrotraen a los viejos debates sobre la neutralidad valorativa de la ciencia[51]:

---

[49] «Synthetic Biology and Biodiversity» in *Science for Environment Policy,* issue 15, 2016. https://ec.europa.eu/environment/integration/research/newsalert/pdf/synthetic_biology_biodiversity_FB1 5_en.pdf.

[50] SAVULESCU, J., *¿Decisiones peligrosas? Una bioética desafiante*, Madrid, Tecnos, 2012, p. 263.

[51] Para críticas a la neutralidad valorativa de la ciencia véase HABERMAS, J., *Ciencia y técnica como ideología*, Madrid, Tecnos, 1984 y KUHN, T., *La tensión esencial,* México, FCE, 1982.

Bajo esta «concepción heredada» de la ciencia, la ciencia se presenta como neutral, imparcial, objetiva y autónoma […] El devenir de la ciencia ha quebrantado esta caracterización tradicional de la ciencia. Hoy en día, por ejemplo, sabemos de las dificultades de separar el contexto de descubrimiento del contexto de justificación dentro de la ciencia y, a su vez, es difícil encontrar una ciencia no ligada a la técnica y, por tanto, guiada por una racionalidad medios-fines y claramente condicionada por distintos tipos de intereses. En este sentido será necesario y fundamental precisar qué tipo de ciencia y de técnica queremos llevar a cabo[52].

Esta visión neutral de la ciencia es una quimera, pero incluso aunque la siguiéramos defendiendo, lo que no podemos defender es que primero se activen ciertos proyectos tecnocientíficos y, posteriormente, se resuelvan sus disfunciones éticas y políticas. El consecuencialismo, el examinar las consecuencias éticas y políticas de cada propuesta de mejora positiva, debe ir por delante de lo que técnicamente podamos hacer. La reflexión ética y política debe adelantarse a las implementaciones tecnocientíficas so pena de agrandar las desigualdades y las disfunciones ya presentes en nuestras sociedades tecnocapitalistas. El discurso bioético no debe ir a la zaga de la implementación tecnocientífica, como dijo Bernard Williams en una conferencia dada en Suiza en 1989 en relación con las cuestiones éticas que se derivaban de la nueva genética: «un requisito de los argumentos morales es que no se detengan en la mera realidad técnica actual para decir que la cuestión aún no se ha planteado»; la reflexión ética, y yo añadiría política, debe adelantarse a la implementación tecnocientífica.

Por lo tanto, antes de aceptar la implementación de estos proyectos de mejora positiva tenemos que abordar las consecuencias éticas y políticas vinculadas, fundamentalmente, con la idea de justicia. Si no podemos garantizar su justa distribución ni, por ejemplo, el justo reconocimiento de las nuevas identidades que surgen y de las viejas que no desean *esa mejora positiva*, no debemos seguir avanzando como si su puesta en marcha pudiera suponer un mundo mejorado desde el punto de vista de la justicia que estoy defendiendo.

La conclusión es evidente, es necesario examinar mejora a mejora y comprobar si cumple los requisitos que hemos acordado al hablar de justicia y progreso moral. Como señala Allen Buchanan en *Better Than Human* las generalizaciones sobre las mejoras son simplistas y no solucionan nada, los diferentes tipos de mejoras han de ser evaluadas por sí mismas. Debemos huir tanto del «odio histérico como del optimismo sin aliento»[53].

---

[52] HERRERA GUEVARA, A., *Bioética postsecular e interespecífica: ciencia, ética y cultura en el siglo XXI*, Madrid-Oviedo, Los Libros de la Catarata, 2020, p. 49.

[53] «In my judgment, saying either that biomedical enhancements are an abomination or that they are wonderful would make about as much sense as being for or against technology or for or against globalization. Those generalizations are just too big to be useful.

Por último, quisiera apuntar un argumento más, esbozado por Buchanan, que explica acertadamente que legitimar la mejora positiva —yo añadiría ciertas mejoras positivas—, supondría acabar con la ejecución de estas técnicas de manera clandestina y, por otra parte, permitiría que las instituciones públicas se integraran en estos proyectos, garantizando con ello la posibilidad de acceso equitativo a las mejoras[54].

Es cierto que la respuesta a la primera pregunta de Koch, ¿mejorar a quién?, desde una teoría de la justicia como la que vengo exponiendo, debería tener el más amplio alcance posible y, para ello, no es menos cierto, que la involucración de las instituciones públicas es fundamental. Ahora bien, no nos engañemos, los recursos públicos son escasos, y cada vez más en un mundo tan neoliberal. Por lo tanto, legitimar y legalizar las mejoras positivas iba a beneficiar fundamentalmente a las empresas privadas y a sus pudientes clientes. Tampoco podemos olvidar que esa escasez de recursos obligaría a los organismos públicos a mirar con lupa qué mejora positiva se debe legalizar y cuál no, mientras que la empresa privada no tendría este problema. Esta es una razón más para no legalizar en general la empresa de las mejoras positivas, más bien, llegado el caso, repito, habría que examinar una a una y en función de lo examinado legalizar o no su práctica.

Para responder a la segunda pregunta, ¿mejorar qué?, necesitamos examinar cada mejora y determinar su valor en función de numerosos parámetros: ¿son seguras y eficaces?, ¿suponen un problema para la biodiversidad?, ¿suponen una brecha irreversible entre los mejorados y los no mejorados, no mejorados porque no pueden costearse el tratamiento o porque no quieren?, ¿qué consecuencias tendrá esa mejora a largo plazo y para las generaciones futuras?, ¿qué consecuencias acarreará esa mejora en la relación con el resto de las especies? Las preguntas y las dudas son muchas y no podemos legitimar sin más los diferentes proyectos de mejora sin antes hacer un estudio exhaustivo de cada caso.

La tercera pregunta, ¿mejorar para qué?, tiene una repuesta clara. Si las mejoras conducen a un mundo sociopolítico más justo (justa redistribución, justo reconocimiento de la identidad y justa representación política) y más libre (entendiendo la libertad como no dominación, a la manera republicana) capaz de expandir la justicia y no dominación a las futuras generaciones y al resto de las especies, entonces sí merece la pena apostar por ciertas mejoras positivas. Esas mejoras deberán permitir

---

Even if in the end we conclude that genetic enhancements are not acceptable, we shouldn't tar all enhancements with the same brush. Different types and modes of biomedical enhancements deserve to be evaluated on their own account. We need to steer a steady course between hysterical loathing and breathless optimism» in Buchanan, A., *Better Than Human*, Oxford University Press, Edición Kindle, 2011, pp. 23-24.

[54] *Ibid.*, p. 181.

solventar los desafíos que expuse en el punto 2.1 de este capítulo, todos ellos relacionados con el desafío climático y ecológico.

Por citar un ejemplo, pensemos en los *big data*. Es una de las herramientas principales de la actual revolución informática, parte integrante de las tecnociencias NBIC. La acumulación de datos podría ser empleada para ayudarnos a solventar muchos de los problemas que tienen que ver con el desastre ecológico y sus consecuencias, secuenciado del genoma humano, lucha contra la delincuencia, control y gestión de catástrofes naturales, etc. Pero evidentemente también puede ser utilizada, la acumulación de datos, con fines claramente delictivos como los relacionados con el ciberterrorismo. Pero sin llegar a situaciones delictivas, la mejora positiva que nos propone el dataísmo supone partir de un *flujo de información* constante que conecte todo al sistema, lo que se ha llamado el *Internet de todas las cosas*. Todo (incluido mi cuerpo, mis objetos, mi casa, etc.) ha de quedar registrado y subido a la red. Como señala Harari: «Los dataístas creen que las experiencias no tienen valor si no son compartidas y que no necesitamos (en realidad, no podemos) encontrar el sentido en nuestro interior. Únicamente necesitamos registrar y conectar nuestra experiencia al gran flujo de datos, y los algoritmos descubrirán su sentido y nos dirán qué hacer»[55]. El sueño dataísta más posthumano que transhumano llegaría a sustituir las experiencias humanas por programas informáticos superiores:

> El dataísmo adopta un enfoque estrictamente funcional de la humanidad, y tasa el valor de las experiencias humanas según su función en los mecanismos de procesamiento de datos. Si desarrollamos un algoritmo que cumpla mejor la misma función, las experiencias humanas perderán su valor. Así, si podemos sustituir no solo a taxistas y a médicos, sino también a abogados, a poetas y a músicos con programas informáticos superiores, ¿por qué habría de preocuparnos que dichos programas no tengan conciencia ni experiencias subjetivas?[56]

La propuesta dataísta, como señala Harari, nos trasladaría de una cosmovisión homocéntrica, como la que hemos vivido durante siglos, a otra de cuño datocéntrico donde el verdadero poder, ya ni siquiera estaría en instituciones ni oligopolios, estaría en manos de un complejo algoritmo:

> A continuación, algunas directrices dataístas prácticas para nosotros. «¿Quieres saber quién eres en verdad? —pregunta el dataísmo—. Entonces olvídate de las montañas y los museos. ¿Te has hecho secuenciar el ADN? ¡¿No?! ¿A qué esperas? Hazlo hoy mismo. Y convence a tus abuelos, padres y hermanos para que también se hagan secuenciar el ADN: sus datos serán muy valiosos para ti. ¿Y has oído

---

[55] HARARI, Y. N., *Homo Deus,* Penguin Random House, edición Kindle, p. 505.
[56] *Ibid.*, pp. 507-508.

hablar de esos dispositivos biométricos portátiles que miden durante veinticuatro horas al día tu tensión arterial y tu ritmo cardíaco? Bien, pues cómprate uno, póntelo y conéctalo a tu teléfono inteligente. Y mientras vas de compras, adquiere una cámara móvil y un micrófono, graba todo lo que haces y súbelo a la red. Y permite que Google y Facebook lean tus correos electrónicos, supervisen todas tus charlas y mensajes, y conserven un registro de todos tus «Me gusta» y todos tus clics. Si haces todo esto, los grandes algoritmos del Internet de Todas las Cosas te dirán con quién casarte, qué carrera seguir y la conveniencia o no de iniciar una guerra[57].

Ante este sueño dataísta, que nos provoca tanta incredulidad y perplejidad como terror, solo cabe «poner a las mejoras positivas en su sitio»; examinándolas una por una y legitimando tan solo aquellas que realmente puedan reforzar la justicia hacia el resto de los humanos y no humanos; aquellas que puedan hacer florecer la libertad como no dominación, en definitiva, aquellas que permitan aliviar el sufrimiento que padecen millones de seres vivos en nuestra actual civilización.

## 2.3.  TRANSHUMANISMO TECNOCIENTÍFICO COMO BÚSQUEDA DE LA MEJORA MORAL

Quisiera acabar el capítulo recogiendo la propuesta de dos pensadores ligados a la reflexión tecnocientífica, me refiero a Julian Savulescu e Ingmar Persson. En concreto analizaré su propuesta de mejoramiento moral. Hasta ahora he comentado mejoras positivas ligadas a rasgos biológicos y físicos, pero la originalidad de estos autores los lleva a proponer una mejora moral. Las dos preguntas claves que nos vienen a la cabeza tienen que ver con la posibilidad y la deseabilidad; es decir, por un lado, nos preguntamos si es posible esta mejora moral y, por otro, si es deseable que esa mejora provenga de proyectos biotecnológicos y farmacológicos. Veamos el caso.

### 2.3.1.  Estado de la cuestión

Por cuestiones académicas, al preparar nuevos tópicos en bioética, cayó en mis manos el libro de Persson y Savulescu titulado *¿Preparados para el futuro? La necesidad del mejoramiento moral* publicado originalmente en el año 2012[58]. A pesar de los años transcurridos, el libro

---

[57]  *Ibid.*, pp. 512-513.

[58]  Como es bien conocido Julian Savulescu es filósofo y bioeticista australiano, director del Centro Uehiro para la Ética Práctica en la Universidad de Oxford. Ingmar Persson es profesor de Filosofía Práctica en la Universidad de Göteborg, Suecia.

mantiene en su propuesta un tema que sigue siendo importante para la actualidad. Los autores parten de una hipótesis clara: no estamos preparados, mejor dicho, las democracias liberales con sus ciudadanos al frente no están preparadas para afrontar los grandes retos del siglo XXI —tales como las amenazas de las armas de destrucción masiva y las advertencias derivadas del cambio climático—; ante este problema que podría suponer la extinción de la especie humana, la única salida que ven los autores es mejorar la moral de los ciudadanos. Estos deberían interiorizar determinadas doctrinas morales para con ellas ser capaces de afrontar los retos políticos, sociales y ecológicos del siglo XXI. El debate bioético viene de la mano del tratamiento que proponen: para superar el peligro de extinción en el que nos encontramos como especie es necesario, no el tradicional mejoramiento moral, sino lo que denominan el biomejoramiento moral.

Para que se entienda fácilmente, el mejoramiento moral tradicional es una tarea que han asumido los educadores (padres, profesores o incluso el propio Estado)[59]; el biomejoramiento moral del que nos hablan Persson y Savulescu viene de la mano de las biotecnologías, la bioquímica o de cualquier avance científico-tecnológico que nos permita alcanzar nuestro objetivo.

Los biotecnólogos o los bioquímicos se convertirían en los nuevos adoctrinadores o, mejor dicho, en los nuevos transmisores de la idea de bien que queremos implementar en los ciudadanos de las democracias occidentales. De igual modo que con una sustancia química podemos hacer que una persona abandone un estado de depresión endógena también conseguiremos con una sustancia que los sujetos sean más empáticos o altruistas. Intentaré mostrar que los autores proponen una idea de bien determinada para conseguir el mejoramiento moral. Persson y Savulescu, por el contrario, afirman que no buscan en sus propuestas una imposición de una idea de bien determinada[60]. El debate ha sido intenso y encontramos autores que sí consideran que se está imponiendo en su propuesta una idea de bien. En esta línea argumentativa, John Harris criticó contundentemente un ingenio tecnológico —una especie de «máquina de Dios» a la que apelaban Persson y Savulescu[61]— que podría detectar nuestros malos deseos e imponer un tipo de dictadura moral[62]. Ante esta

---

[59] Véase CORTINA, A., *Neuroética y neuropolítica. Sugerencias para la educación moral*, Madrid, Tecnos, 2011.

[60] PERSSON, I. y SAVULESCU, J., «Art of Misunderstanding Moral Bioenhancement», *Cambridge Quarterly of Healthcare Ethics*, 2015, 24(1), pp. 48-57.

[61] PERSSON, I. y SAVULESCU, J., «Moral Enhancement, Freedom and the God Machine», 2016. Available at https://www.ncbi.nlm.nih.gov/pmc/articles/PMC3431130/

[62] HARRIS, J., «… How Narrow the Strait! The God Machine and the Spirit of Liberty», *Cambridge Quarterly of Healthcare Ethics*, 2014, 23(3), pp. 247-260.

y otras críticas de Harris, los autores consideran que su propuesta va dirigida a mejorar la motivación moral, algo necesario para actuar moralmente[63]. Ahora bien, mejorar la motivación moral no es lo mismo que mejorar moralmente. En el libro que voy a comentar se habla claramente de mejorar moralmente a los ciudadanos. Punto clave, como veremos, para el debate ético y político.

Desde el posicionamiento que planteo, donde la separación entre normas y valores sigue siendo esencial, Persson y Savulescu sí se adentran por los vericuetos de una idea de bien. Por ejemplo, en su obra consideran que parte de un programa de mejoramiento moral podría consistir en la administración de un spray nasal de la oxitocina a fin de promover los lazos empáticos. Ante esto cabe preguntarse si la empatía es o no un valor y reflexionar sobre la dificultad de implementar legislativamente los valores. Un principio de justicia se puede implementar, pero al intentar hacer lo mismo con un valor tendremos más dificultades. Lo que no podemos negar es que determinados valores, como la empatía, pueden permitirnos materializar un ideal ético de justicia. Ahora bien, no creo que la pretensión de materializar nuestra idea de justicia justifique como medio correcto la utilización del llamado biomejoramiento moral con el fin de obligarnos a ser buenos. Hauskeller llega a afirmar que el caos moral, pero libre, es preferible a la obligación de ser bueno[64].

Desde mi posicionamiento no cuestiono que determinados valores deban ser implementados para alcanzar un ideal ético de justicia, lo que cuestiono es tanto el método utilizado por los autores como el lenguaje moralista que recorre la obra.

La propuesta de Persson y Savulescu no deja de ser desafiante y enriquecedora en el debate actual del transhumanismo; pero, al mismo tiempo, considero que sería más oportuno si ese debate se hubiera verbalizado en el espacio ético —relacionando el tema con una idea de justicia— y no tanto en el espacio moral donde el debate se centra en la idea de bien o en los valores que defendemos.

El análisis de la obra se dividirá en dos partes. En una primera trataré el tema desde la deliberación ética y política; en la segunda parte la deliberación se ayudará de la narración literaria, centrándome en la obra de Stanislaw Lem *Congreso de futurología* (1971).

---

[63] HARRIS, J., *How to be Good*, Oxford, Oxford University Press, 2016.
[64] HAUSKELLER, M., «A Cure for Humanity: the Transhumanisation of Culture», *Trans-Humanitie*, 2015, 22, pp. 1-19.

## 2.3.2.  Primera parte: deliberación ética
### sobre el estado de la cuestión

*Ética, metaética, lo justo y lo bueno*

El libro que estoy analizando es evidente que pertenece a la tradición anglosajona, cuyos planteamientos filosóficos en numerosas ocasiones se han distanciado de los propósitos de la llamada tradición continental. A pesar de las diferencias, en el espacio de la filosofía moral hay un punto en común que ambas tradiciones asumieron desde comienzos del siglo xx, lo que bien podríamos llamar el *giro metaético*. W. D. Hudson en los años 70, en su obra *La filosofía moral contemporánea*, expone claramente cuál ha sido el problema tradicional de la ética y cómo esta cuestión ha empujado hacia la asunción de una filosofía moral que se etiqueta no como ética, sino como metaética[65].

Durante siglos los filósofos morales —sin olvidar que filosofía moral y ética son términos equivalentes— han discutido sobre la idea de bien, sobre lo que es bueno o malo y tras esta reflexión determinaban lo que debíamos hacer para actuar con moralidad. El filósofo moral no tenía ningún problema con que lo identificasen con la figura del moralista. En términos de Hudson, este tipo de filósofo moral utiliza «el lenguaje moral en lo que podemos llamar primer orden [...] Habla de lo que la gente debe hacer»[66]. A comienzos del siglo xx, los filósofos morales sí pretenden distanciarse del moralista. El padre, el profesor o el sacerdote son, de hecho, moralistas o seguramente lo van a ser en su pretensión de educar moralmente: ahora bien, la modernidad trae consigo un giro en la propia forma de hacer filosofía y, en concreto, de hacer filosofía moral. Ocuparnos de la ética no va a significar, a partir de la época moderna, adoctrinar con discursos moralizantes sobre la bondad o maldad de determinadas acciones. Para conseguir tal meta era necesario distanciarse de la ética tradicional, de ahí la necesidad de enlazar al filósofo moral no con la ética, sino con una disciplina filosófica no moralizante que se llamaría *metaética*.

Hudson analizará escuelas metaéticas preocupadas por el significado del discurso moral —tema central para esta filosofía moral que propone nuestro autor—. La filosofía moral anglosajona parecería, pues, que habría asumido claramente el giro metaético.

¿Qué ocurrió en la filosofía continental, fue ajena a este giro? Para hacer justicia, Kant en el siglo xviii bien pudiera ser considerado un precursor

---

[65] Hudson, W. D., *La filosofía moral contemporánea*, Madrid, Alianza Universidad, 1975.

[66] *Ibid.*, p. 17.

del sentido original de lo metaético. Me explico. Antes del pensamiento kantiano, en lo que se suele llamar la premodernidad, la preocupación principal de los filósofos morales se centraba en encontrar una respuesta a la pregunta «¿para qué ser morales?». En el intento de dar una contestación tan motivacional como universal, la felicidad será un concepto recurrente: siendo morales podremos alcanzar la dicha, es la recompensa del «hombre bueno».

Las tornas cambiaron en la modernidad. La Ilustración y el proceso de secularización ayudaron bastante a la hora de modificar las preguntas y las respuestas planteadas por los filósofos morales. En este contexto, la obra kantiana reflexionará no sobre el *para qué* sino sobre el *por qué ser moral*. Tanto en *Crítica de la razón pura* (1781) como en *Crítica de la razón práctica* (1788), Kant como filósofo moral se preocupará por las cuestiones de fundamentación de la moral, pero no tratará de moralizar. Para ello, nada mejor que alejarse de todo intento material de fundamentación de la moral; la moral no se fundamenta en un valor, como puede ser la felicidad, o en un sentimiento, como puede ser la *simpatía*, se va a fundamentar en una norma, en un procedimiento. El conocido imperativo categórico con sus diferentes formulaciones entra por la puerta grande de la ética, nada menos que de la mano del filósofo prusiano.

La obra kantiana que se aleja de la moralización puede ser vista como una renuncia a la ética moralista y un acercamiento a una nueva forma de hacer ética que parafraseando a Hudson bien pudiera tildarse de metaética[67]. Kant no pretende decir a la gente «lo que debe hacer moralmente», lo que pretende es ofrecer un procedimiento para que los sujetos puedan determinar «lo que es más justo para todos por igual». La metaética kantiana descansa sobre la idea de justicia y no sobre la idea de bien.

La historia de la filosofía moral es un claro ir y venir de lo bueno a lo justo. Evidentemente todos tenemos una idea de bien, unos valores, que asumimos como parte de nuestro proyecto vital y de vida buena. Pero la modernidad nos mostró de una manera profusa no solo que existe una pluralidad de formas de vida, sino la necesidad de tolerar esas diferentes ideas de bien. El pluralismo de las formas de vida es una de las señas de identidad de la modernidad y, por ende, de nuestras democracias occidentales. Ante este planteamiento caben dos objeciones. Una primera que tiene que ver con nuestra acción práctica: si todos defendemos nuestra idea de bien y, evidentemente, cada una de ellas pueden ser dispares y

---

[67] Evidentemente al caracterizar a Kant como metaético no me he mantenido fiel a su momento histórico. Estoy realizando un ejercicio de historización, término que emplea Foucault, para recontextualizar. Es decir, hacer una lectura de ciertos textos o autores a la luz de categorías que no estaban al alcance de esos autores en su época. Para este tema véase FOUCAULT, M., «Debate con los historiadores», en *El discurso del poder*, Buenos Aires, Folios, 1985.

colisionar entre sí, ¿cómo nos ponemos de acuerdo para actuar ética y políticamente? La segunda, ¿la defensa del pluralismo de formas de vida conlleva que toda idea de bien es correcta? Ambas cuestiones están relacionadas y se responden atendiendo a lo que se denomina unos mínimos de justicia. Nos ponemos de acuerdo en la actuación ética y política porque construimos unos mínimos de justicia que hemos de respetar todos, independientemente de nuestra idea de bien. Y, por lo tanto, no todas las formas de bien son correctas, lo serán aquellas que cumplan esos mínimos de justicia.

Esta distinción entre lo justo (*lo correcto para todos por igual*) y lo bueno (*la idea de bien para mí o para un nosotros cercano*) ha permitido la caracterización de una «ética de mínimos» frente a una «ética de máximos»[68].

No podemos exigir a alguien cómo debe ser feliz y ni siquiera ser feliz. Esta es una de las señas de identidad de la Ilustración occidental y de nuestras sociedades. Si pervertimos este logro de Occidente, habremos socavado uno de los pilares de nuestras democracias: la neutralidad valorativa del Estado defendida, entre otros, por el liberalismo de Rawls desde los años 70.

El modelo antiperfeccionista rawlsiano fomenta la idea de un Estado neutral frente a las diferentes ideas de bien. El Estado deberá velar por la justicia dentro de la estructura básica de la sociedad. En sus obras principales, Rawls insiste en diferenciar un debate dentro de la cultura política pública de otro dentro de lo que denomina la cultura de base[69]. En esta última, en la cultura de base, deliberamos atendiendo a nuestra idea de bien o a nuestra doctrina comprehensiva; en cambio, en el primer tipo de debate, el de la cultura política pública, es necesario argumentar con razones políticas adecuadas y no tan solo con «razones derivadas de las doctrinas»[70]. A este requisito es lo que denomina Rawls *estipulación*.

Es cierto que el ciudadano o el profesional de la ética no puede escindirse en dos y olvidar por completo su propia idea de bien; pero sí tiene la obligación para poder debatir en el espacio público formal de *traducir* sus argumentos, ligados a una doctrina comprehensiva, a razones políticas apropiadas.

Teórica y metodológicamente esta es una distinción adecuada —la distinción entre lo justo y lo bueno—, y la pertinencia de debatir sobre lo justo en la cultura política pública frente a la discusión sobre las diferentes ideas de bien dentro de la cultura de base. Junto a esta afirmación es preciso reconocer que no es una tarea fácil poner en marcha en la práctica este tipo de

---

[68] CORTINA, A. y MARTÍNEZ, E., *Ética*, Madrid, Akal, 1996, pp. 117-118.

[69] RAWLS, J., *Teoría de la justicia*, Madrid, FCE, 1979; *El liberalismo político*, Barcelona, Crítica, 1996; y *El derecho de gentes*, Barcelona, Paidós, 2001.

[70] RAWLS, J., *El derecho de gentes, op.cit.*, p. 177.

distinciones. En ocasiones, la frontera entre lo justo y lo bueno es porosa. En la discusión sobre este punto que mantuvieron Habermas y Putnam, Putnam reconocía la necesidad de admitir la transformación en norma de lo que en un período anterior se podría ver como un valor[71].

A pesar de los problemas que acarrean estas cuestiones metodológicas, lo que no podemos negar es el giro moderno hacia una filosofía moral no moralizante, lo que algunos denominaron metaética, frente a la tradicional ética moralizante que se limitaba a debatir sobre las diferentes ideas de bien. Hoy en día, el rechazo del moralismo dentro de la filosofía moral hace que podamos hablar de ética sin necesidad de reivindicar otra disciplina llamada metaética. O en otras palabras, la ética que se hace hoy en día, salvo escasas excepciones, sería metaética en tanto que se aleja de los discursos moralizantes[72]. La ética del siglo XXI se enfrenta a uno de los retos más acuciantes de la filosofía: no renunciar a su dimensión práctica sin caer en discursos moralistas. Me explico. La filosofía en general, pero en concreto la filosofía moral, tiene una doble naturaleza, una dimensión teórica junto a una dimensión práctica. Esto se convierte en evidencia en todo el ámbito de las éticas prácticas (o éticas aplicadas) y, por supuesto, en el espacio de la bioética. La naturaleza práctica y material de estos ámbitos hace que la frontera entre lo justo y lo bueno, de la que hablaba con anterioridad, se haga realmente porosa. Esto no quiere decir que se abra el camino a la moralización. ¿El debate bioético puede salirse del discurso moralista centrado en la idea de bien?

En los apartados siguientes mostraré la necesidad que tiene la bioética, como disciplina filosófica, de establecer las fronteras entre lo justo y lo bueno; no para reivindicar una bioética racional y basada en un cálculo de utilidades que se aleje de las motivaciones de los sujetos de carne y hueso, sino precisamente, para establecer todo lo contrario. Delimitando la frontera entre lo justo y lo bueno, la bioética, como deliberación ética y política, podría acercarse a *lo más justo para todos por igual* y, con tal acercamiento, intentaría conectar con una pluralidad de motivaciones derivadas de las diferentes ideas de bien. Sin la frontera señalada, la bioética corre el riesgo de tan solo aportar carga motivacional a los ciudadanos que asuman la idea de bien que se defiende en un proyecto de vida buena.

Volvamos a Kant: en pleno siglo XXI sigue siendo más correcto ofrecer, desde la bioética, un procedimiento para determinar *lo que es más justo para todos por igual* que decirles a los ciudadanos lo que deben hacer.

---

[71] PUTNAM, H. y HABERMAS, J., *Normas y valores*, Madrid, Trotta, 2008.

[72] Dejaríamos el término *metaética*, siguiendo a A. Pieper, para el enfoque ético basado en el análisis del lenguaje cotidiano de la moral. Véase PIEPER, A., *Ética y moral*, Barcelona, Crítica, 1991.

Si no conseguimos llevar a cabo esta propuesta, habremos de aceptar que nuestra modernidad e Ilustración son un proyecto fallido.

### ¿Los filósofos morales vuelven a moralizar?

Establecidas las distinciones y propuestas del apartado anterior, no deja de sorprenderme el discurso moralista de Persson y Savulescu en *¿Preparados para el futuro? La necesidad del mejoramiento moral.* Lo primero que me lleva a realizar esta afirmación es el vocabulario y la argumentación empleada en la obra, relacionada esencialmente con las formas de vida y con las ideas de bien. La crítica a la obra no pasa por su certero diagnóstico, a saber, debemos solucionar problemas como el cambio climático o la proliferación de armas de destrucción masiva para no extinguirnos como especie. Lo sorprendente es que dos filósofos del siglo presente enmarquen su propuesta en el terreno de la moral y no en el espacio de la ética.

El texto en castellano no deja lugar a dudas, la palabra *ética,* excepto en dos ocasiones, aparece tan solo en el prólogo donde se habla de la Fundación Uehiro en la Universidad de Oxford y, más concretamente, de su serie de publicaciones en ética práctica. En concreto (sin tener en cuenta la aparición en la bibliografía) la palabra *ética* aparece en 16 ocasiones, de las cuales 13 están relacionadas con la referencia a la Fundación Uehiro o a sus trabajos y publicaciones. En cambio, la palabra *moral* aparece en 466 ocasiones. Es empleada como parte esencial de la tesis mantenida en la obra: «Cómo debería mejorarse la moral de la población»[73].

En el texto inglés de 2012 ocurre algo semejante, la palabra *ethics* aparece en 28 ocasiones, la mayor parte relacionada con la Fundación Uehiro y con la bibliografía mencionada. Por el contrario, el término *moral* aparece en 475 ocasiones. Podríamos pensar que se está empleando *moral* como sinónimo de *ethics* (recordemos que en el castellano de a pie se emplean en numerosas ocasiones como sinónimos). Ante esto, sin embargo, caben dos comentarios: en primer lugar, en la filosofía moral se distingue claramente lo relacionado con el bien (la moral) de lo relacionado con lo justo (lo ético), con independencia de que en los diferentes idiomas se emplee un término u otro[74]; en segundo lugar, solo tenemos que abordar el significado del texto para determinar si se está moralizando o no.

---

[73] PERSSON, I. y SAVULESCU, J., *¿Preparados para el futuro? La necesidad del mejoramiento moral,* ebook: TEELL Editorial, p. 11.

[74] Como anteriormente mencioné, Habermas en *La inclusión del otro* distingue entre cuestiones morales, cuestiones éticas y cuestiones pragmáticas. Las primeras estarían relacionadas con lo que vengo denominando una ética de la justicia, las segundas con una ética de la vida buena y las últimas están relacionadas con la elección racional

Veamos un párrafo significativo para fijar la intencionalidad de los autores:

> En este capítulo, intentamos trazar un mapa de la moral del sentido común y algunas disposiciones psicológicas relacionadas [...] Consideramos que la explicación respecto a por qué hay un conjunto de actitudes morales que son un rasgo común de morales culturalmente distintas es que tienen su origen en nuestra historia evolutiva[75].

Este párrafo pertenece al capítulo segundo de la obra titulado «Naturaleza Humana y sentido común» —en la edición inglesa se titula «Human Nature and Common— sense Morality». Tanto por lo que se expresa en el texto como por el título del capítulo se percibe claramente el punto de partida de los autores. En primer lugar, nos hablan de *naturaleza humana* sin cuestionar el uso esencialista del término —no lo harán en ninguna parte de la obra. Posicionamiento acorde con la segunda consideración importante: «nuestra historia evolutiva» nos permite afirmar que existe lo que podríamos llamar una *moral del sentido común* presente en todas las culturas. Esta última tesis enlaza con la idea de una naturaleza humana esencialista que nos hace cargar con una mochila llamada moral del sentido común. Los autores encajan perfectamente dentro de una línea de pensamiento que hoy en día es llamada psicología evolucionaria (o evolucionista), tesis respaldada por el hecho de que uno de sus representantes, Jared Diamond, sea citado a lo largo de la obra. La psicología evolucionaria —relacionada con la clásica sociobiología— estudiará la psicología y la conducta de los humanos desde el punto de vista de su historia evolutiva. Los autores afirmarán que la moral del sentido común procede de nuestra historia evolutiva, y, por tanto, se halla inscrita en nuestra naturaleza humana. Siguiendo con el esquema naturalista que han escogido, mantendrán que muchas de nuestras creencias vinculadas a nuestra *naturaleza humana* nos han servido para perpetuarnos como especie y salir victoriosos de muchas situaciones y crisis a las que nos hemos enfrentado. Para los autores, esta mochila evolutiva comienza a fallar, no nos soluciona los actuales problemas a los que nos

---

(dónde tendríamos en cuenta los intereses, las consecuencias, etc.). Habermas al hablar de *cuestiones éticas* está relacionando el término *ética* no con la palabra alemana *Ethik* que sería nuestra disciplina filosófica que en castellano denominamos ética o filosofía moral; está empleando el término *ética* como sinónimo de la palabra alemana *Sittlichkeit*. Esta palabra bien se pudiera traducir como *eticidad, costumbridad* o bien como «lo sabido y querido por todos». Evidentemente, ahora entendemos por qué para el autor frankfurtiano las cuestiones éticas son cuestiones de eticidad, de lo sabido y querido por todos, de costumbridad, de una forma de vida buena.

[75] Persson, I. y Savulescu, J., *¿Preparados para el futuro? La necesidad del mejoramiento moral, op.cit.*, p. 33.

enfrentamos (como las armas de destrucción masiva o la crisis medioambiental), debido, principalmente, a la lenta evolución biológica de nuestra especie. Esta lenta evolución es incapaz de atender los problemas que hemos generado debido a nuestro vertiginoso progreso científico y tecnológico. En definitiva, estamos desfasados, tenemos una moral del sentido común caduca, incapaz de evolucionar con la rapidez con que lo hace el progreso científico-técnico y, por lo tanto, concluyen nuestros autores, habremos de ayudar a la evolución natural *haciendo que vaya más rápida* y permita que nuestra moral del sentido común se adapte a los nuevos tiempos tecnológicos.

¿Cómo podremos hacer tal cosa? Los métodos tradicionales de mejoramiento moral también son lentos, necesitamos algo más rápido. La biotecnología y la química moderna nos ayudarán a conseguir lo esperado.

> Suministremos «química» a los humanos que siguen portando creencias morales del pasado, para mejorarlos y que su moral se adapte a los nuevos tiempos. En esto consiste el «biomejoramiento moral»[76].

Los autores están, evidentemente, moralizando, en el sentido más tradicional del término. No están hablando de construir nuevas normas de justicia para solucionar los dilemas éticos o bioéticos del presente (este sería un posicionamiento constructivista desde una ética de la justicia), sino de cambiar nuestra esencia moral inscrita en nuestra naturaleza humana, de modificar creencias morales sobre lo que es bueno o malo. Intencionadamente, no hablan de lo justo o correcto frente a lo injusto o incorrecto (en el original emplean los términos «good» and «bad»)[77]. Siguiendo la crítica que realiza Harris en la obra citada de 2016 —como comenté en un epígrafe anterior—, los autores de *¿Preparados para el futuro?* no están hablando de mejorar la motivación moral sino de mejorar moralmente.

Desde mi posicionamiento, ni los bioeticistas ni el Estado deben asumir el papel de moralistas. Nuestra sociedad insta a fortalecer el discurso sobre la justicia en el espacio público formal y/o en la cultura política pública de la que habla Rawls —discurso relacionado con la idea de bien, pero de ahí no podemos permitirnos incentivar un discurso moralista. Esto no quiere decir ni mucho menos que el Estado o el bioeticista no propugnen modelos de justicia que consideren más correctos y eficientes a la hora de solucionar los grandes retos a los que nos enfrentamos en el siglo XXI. Para modificar nuestra relación con la naturaleza e intentar revertir los problemas del cambio climático, por ejemplo, es preciso

---

[76] *Ibid.*, pp. 144-145.
[77] Persson, I. y Savulescu, J., *Unfit for the Future. The Need for Moral Enhancement*, Oxford, Oxford University Press, p. 41.

proponer una teoría de la justicia intergeneracional e interespecífica que muestre la injusticia de nuestro modelo productivista en su relación con la naturaleza en general y los animales no humanos en particular. Para alcanzar tal teoría es preciso convencer dentro de un modelo de democracia donde la deliberación juegue un papel fundamental.

La propuesta de Persson y Savulescu de determinar, por parte de una élite evidentemente, cuál es la doctrina moral que debemos seguir en estos tiempos e interiorizarla en los votantes empleando la ingeniería genética y el tratamiento con medicamentos es claramente moralizante, determinista y elitista. Veamos algunas afirmaciones que corroboran estos calificativos. Por ejemplo, ante la debilidad de la democracia liberal, que podría autodestruirse, por la permisividad que defiende ante otras teorías totalitarias en su defensa del pluralismo, la solución que proponen «de manera provisional no es el abandono de la democracia, sino el mejoramiento de la moral de sus votantes»[78]. Y, por supuesto, para conseguir este mejoramiento nada mejor que interiorizar una doctrina moral concreta con el objetivo de que esta regule la conducta de los ciudadanos y votantes[79].

Como ejemplos del biomejoramiento moral caben destacar dos de los expuestos en la obra: la administración mediante pulverizador nasal de la hormona de la oxitocina y los inhibidores selectivos de la recaptación de la serotonina (ISRS). La primera potenciaría los lazos afectivos, incluso entre miembros de un exogrupo[80].

Con relación al segundo ejemplo, la administración de ISRS (utilizados normalmente para controlar la depresión, ansiedad, etc.), consideran «que hacen que los sujetos sean más imparciales y tengan una mayor voluntad para cooperar [...] Tanto el ejemplo de la oxitocina como el de la serotonina muestran que las manipulaciones biológicas pueden tener efectos morales»[81].

Son muchas las cuestiones críticas que podríamos plantear a la obra de Persson y Savulescu, pero me he querido centrar en su discurso moralizante, que los lleva a elaborar una propuesta centrada en la modificación —a través de la biotecnología y de los medicamentos— de la idea de bien de los votantes. Recordemos que el miedo de estos autores es que la moral del sentido común de los votantes arraigada en la naturaleza humana acabe destruyendo la democracia; resulta paradójico que ellos no se percaten de que su propuesta puede estar minando los pilares democráticos fundamentales.

---

[78] PERSSON, I. y SAVULESCU, J., *¿Preparados para el futuro? La necesidad del mejoramiento moral*, op. cit., p. 123.
[79] *Ibid.*, pp. 144-145.
[80] *Ibid.*, p. 159.
[81] *Ibid.*, p. 160.

Algunos críticos han insistido en los dilemas que surgen a la hora de aplicar los métodos propuestos por Persson y Savulescu. En esta línea Hughes se plantea la actuación de los fármacos sobre la propia moral[82]. Como el mismo Hughes afirma, Aristóteles ya nos prevenía de los peligros de potenciar en exceso determinadas virtudes o valores.

¿Quién nos garantiza que un exceso de altruismo potenciado por la oxitocina no conduzca a la autodestrucción del sujeto tratado?[83]. En este sentido, Giubilini insta a no confundir lo que puede ser un tratamiento terapéutico necesario con una mejora moral[84].

La obra analizada plantea importantes dilemas bioéticos. Deberíamos tener en cuenta que la discusión bioética puede darse en dos planos. En un primer plano, los ciudadanos afectados por problemas bioéticos deciden, dentro del marco legal y jurídico, qué es lo que deben hacer y, evidentemente, en este plano la idea de bien del ciudadano ocupa un lugar preponderante. En un segundo plano, la bioética facilita el debate ético y político para determinar la legislación más correcta (*lo más justo para todos por igual*) sobre estos temas. El bioeticista, el filósofo moral que trabaja en estas cuestiones, no está opinando como ciudadano. Persson y Savulescu están exponiendo un plan de actuación política que los estados deberían implementar aprobando leyes que permitieran el biomejoramiento moral de los ciudadanos/votantes. Este biomejoramiento moral que proponen responde a una idea de bien, y no a una idea de justicia. Moralizan en su argumentación en vez de utilizar argumentos relacionados con una idea de justicia.

Ante el proyecto expuesto en el libro analizado se nos plantean interrogantes aterradores: ¿Quiénes van a decidir cuáles son las personas moralmente adecuadas o inadecuadas?, ¿unos sabios, unos políticos o unos científicos?, ¿qué es realmente un trastorno del déficit moral, cómo lo definiremos?[85], ¿a qué edad se debería someter al futuro votante al biomejoramiento moral?, ¿se podría aplicar el biomejoramiento moral en votantes que, aunque preocupados por el medioambiente, pongamos por caso, cometen delitos como la corrupción política?

Estos son algunos interrogantes que nos muestran el peligro de una propuesta como la expuesta en la obra de Persson y Savulescu.

---

[82] HUGHES, J. J., «Moral Enhancement Requires Multiple Virtues. Toward a PostHuman Model of Character Development», *Cambridge Quarterly of Healthcare Ethics*, 2015, 24(1), pp. 86-95.

[83] *Ibid.*, p. 86.

[84] GIUBILINI, A., «Normality, Therapy and Enhancement: What Should Bioconservatives Say about the Medicalization of love?», *Cambridge Quarterly of Healthcare Ethics*, 2015, 24(3), pp. 347-354.

[85] SIMKULET, W., «On Psychopaths and Moral Enhancement», *AJOB Neuroscience*, 2016, 7, pp. 156-158.

Para ahondar más en el alcance político y social que podría tener esta deriva «transhumanista»[86], comentaré una obra de ficción, *Congreso de futurología* de Stanislaw Lem.

### 2.3.3. Segunda parte: deliberación ética a través de la literatura

*La narración literaria y la filosofía moral*

La deliberación ética se ve ampliamente enriquecida con otros discursos narrativos. En la filosofía moral del presente parece que ha renacido la importancia de lo narrativo. Las obras *Holding and Letting Go: The Social Practice of Personal Identities* de Lindemann Nelson y «Principlism or narrative ethics: Must we choose between them?» de McCarthy son una muestra del giro narrativo al que me estoy refiriendo[87]. Un ejemplo, en el caso español, de la importancia de lo narrativo lo encontramos en la obra de Teresa López de la Vieja[88].

Apoyándome en esta idea, en la importancia para la deliberación ética del análisis de otros discursos narrativos como la literatura, quisiera acabar el apartado con una reflexión sobre una de las más sorprendentes obras de ciencia ficción, me refiero a *Congreso de futurología* del autor polaco Stanislaw Lem. La obra se publicó nada menos que en 1971, unos cuarenta años antes de que se publicase la obra de Persson y Savulescu. Lo curioso es que cuando leemos la obra de Lem, tenemos la sensación de que toda ella es una respuesta a *¿Preparados para el futuro?* Como intentaré mostrar la obra del autor polaco bien pudiera ser la respuesta «exagerada y sarcástica» desde la literatura que se podría haber publicado tras la aparición en 2012 de la obra editada en Oxford.

Veamos el porqué de esta afirmación.

---

[86] Calificar de transhumanista la obra *¿Preparados para el futuro? La necesidad del mejoramiento moral* sería tema de discusión para otro trabajo. En el texto escribo, intencionadamente, la palabra transhumanista entre comillas porque desde determinada perspectiva se podría ver como el intento de *engendrar* un nuevo humano con una carga moral evolutiva diferente, pero, por otro lado, también podríamos enmarcar la propuesta de la obra dentro de un marco humanista. Persson y Savulescu no rompen con la idea de una naturaleza humana esencialista, idea muy presente en los proyectos humanistas. Tal vez como reconocen otros autores la ruptura total con el humanismo solo vendría de la mano de una nueva religión, el *dataísmo*, del que ya hemos hablado. Véase Harari, Y. N., *Homo Deus, op. cit.*

[87] Véase Lindemann, N. H., *Holding and Letting Go: The Social Practice of Personal Identities*, Oxford, Oxford University Press, 2014. Véase McCarthy, J., «Principlism or Narrative Ethics: Must We Choose Between Them?», *Medical Humanities*, 2003, 29, pp. 65-71.

[88] López de la Vieja, T., *Bioética y literatura*, Madrid, Plaza y Valdés, 2013.

## Congreso de futurología

El mundo que nos describe Lem en su novela es un mundo supuestamente mejorado (más concretamente, como iremos viendo, biomejorado). Esta obra tan fantástica como irónica nos sitúa en el Octavo Congreso Internacional Futurológico celebrado en Costarricania. El narrador es el protagonista de la obra, se trata de Ijon Tichy un viajero que se dedica a la astronáutica —el personaje de Ijon aparece en diferentes relatos de Lem—. Al comienzo de la obra no se nos da una fecha concreta para saber en qué época estamos. Pero el lector, sobre todo el de 1971, sabe que es en un futuro lejano. El Congreso de futurología tratará sobre los problemas acuciantes de la humanidad, problemas que pueden conducirla a su extinción.

El congreso se celebrará en el Hotel Hilton. Se vive una situación caótica, no para de haber atentados fuera y dentro del hotel, no funciona nada en la habitación de nuestro protagonista... pero a pesar de todo se siente feliz. Ijon se da cuenta de que algo no va bien. ¿Cómo puede sentirse feliz si todo va tan mal? Se percata de que todos sus cambios de humor hasta llegar a la actual felicidad se dieron cuando bebió agua del grifo al llegar a su habitación. ¿Qué podría contener el agua para provocarle ese estado de ánimo? Recordó que «últimamente, en *Science News* publicaron unas notas acerca de los nuevos elementos psicotrópicos, del grupo de los llamados *benignativos* (que inclinan al bien), los cuales se distinguen por el hecho de reducir la mente a la serenidad y la alegría aun en ausencia del más mínimo motivo»[89]. En el grupo de los *benignativos* se encuentran la *benefactorina*, el *euforiasol*, el *felicitol* y el *altruismil*. A este *mejoramiento moral* lo denominan *criptoquímicodemocracia*[90].

El caos es terrible, las explosiones se suceden. Los atacantes son grupos que se rebelan contra la política global del planeta. La policía acaba utilizando la sustancia *benefactorina* bajo la forma de aerosol para apaciguar la rebelión. Los policías tomaban pastillas de *furiasol* para contrarrestar el efecto de la *benefactorina*. Incluso la situación se volvió tan caótica que los aviones dejaron caer las *bombas de amor al prójimo* (BPAP). Ante tal situación Ijon junto a otros asistentes al congreso, como el profesor Trottelreiner, se esconden en las cloacas del Hilton.

Tras diversos avatares, y no menos alucinaciones, Ijon y el profesor Trottelreiner fueron congelados al sufrir una intoxicación con una dosis potente de alucinógeno y seguían pensando que estaban alucinando.

---

[89] LEM, S., *Congreso de futurología*, Editor digital: Titivilus, 2015, p. 28.
[90] Los términos inventados por Lem los he escrito en cursiva para facilitar su lectura. Algunos aparecen en cursiva en la novela, otros no.

Sufrían lo que los médicos denominaban una *psicosis reactiva*. Los descongelarán 40 o 60 años después cuando se puedan curar.

Al ser resucitados (los reaniman en lo que se denomina un *resucitorio*) se encuentran en el año 2039. Ijon en esta nueva etapa se dispone a escribir un diario. Se encuentra en Nueva York, todo lo que es hermoso y transmite paz, seguridad y felicidad. Parece que todos los problemas de la humanidad se han solucionado. Ha desparecido el miedo a la destrucción atómica, el problema demográfico, etc. ¿Cómo se ha conseguido todo esto? Se pregunta Ijon. La revolución ha venido de la mano de la *psiquímica*, se encuentra en la *psivilización*. Leamos el siguiente párrafo:

> Hoy conocí la diferencia esencial entre los hombres de antaño y los de hoy. La noción fundamental es ahora la *psiquímica*. Vivimos en la *psivilización*. La palabra psíquica dejó de existir; ahora se habla de la *psiquímica*. La computadora manifestó, que la humanidad se vio desgarrada por las contradicciones entre el antiguo cerebro, heredado de los animales y el nuevo cerebro. El antiguo es impulsivo, irracional, egótico y muy encarnizado [...] La *psiquímica* y sus productos hacen lo necesario de tal modo que el antiguo cerebro se armonice, dulcifique, y persuada, desde el mismo meollo, hacia el bien. Ya no es posible dejarse arrastrar por los impulsos espontáneos[91].

Los ejemplos de la *psiquímica* son numerosos y el lector, al igual que Ijon, no saldrá de su asombro.

La novela de Lem da un giro cuando Ijon se reencuentra con el profesor Trottelreiner (también ha sido resucitado tras su congelación). El profesor forma parte de los llamados *hechovidentes*, sujetos que disponen de sustancias, los *ocicanos,* para saber cómo están las cosas en realidad. ¿Qué quiere decir esto, se pregunta Ijon? La respuesta es tan cruel como desalentadora. El profesor le explicará cómo, en realidad, el mundo no fue capaz de resolver ninguna de sus grandes crisis tales como el problema demográfico o la destrucción que provocan las armas nucleares; lo único que hace habitable a este mundo es la falsedad, la máscara que recubre todo. El mayor descubrimiento bioquímico ha sido los *maskones*, alucinógenos que enturbian y falsifican el mundo (Lem, 2015: 170). Todos los humanos están *enmaskonados*. El mundo real está químicamente maquillado. El profesor le dará a Ijon un frasco de *antic,* del grupo de los *ocicanos,* para que lo huela y pueda ver el mundo tal y como es.

Nos podemos imaginar lo que ve Ijon:

> Las manos me temblaron al abrir el frasco [...] se me cortó la respiración: la magnífica sala del restaurante, sus alfombras, sus palmeras, las paredes de mayólica [...] ¡todo eso se había desvanecido!

---

[91] Lem, S., *Congreso de futurología, op.cit.,* pp. 103-104.

Nos encontrábamos en un bunker de hormigón, ante una mesa de madera desnuda, con los pies sobre una vieja estera de paja[92].

Si el lector siente que este mundo descrito, con una gran dosis de ironía, en las primeras páginas de la obra de Lem, es un mundo pretendidamente *mejorado moralmente* con la ayuda de la química, deberá seguir leyendo para percatarse del verdadero alcance de la *criptoquímicodemocracia*.

Tras la lectura completa de la novela, el lector se adentrará en lo que Lem denomina la nueva *psivilización*, una nueva época alcanzada tras la revolución que ha venido de la mano de la *psiquímica*. Gracias a ella podemos mejorar moral e intelectualmente. La era de la *farmacocracia* ya es un hecho para Ijon, el protagonista de Lem.

¿Hay algo mejor que la ayuda de la *psiquímica* para permitir que nuestra moral inscrita en nuestro cerebro, con el paso de la evolución, evolucione más rápido y podamos conseguir el esperado biomejoramiento moral? Es cierto que la obra de Lem es solo una novela y que muchos lectores pueden afirmar que no es más que una exageración y una caricatura de lo que podríamos conseguir con el biomejoramiento moral, pero no es menos cierto que el método narrativo permite alcanzar conciencia ética a través de relatos literarios. Estos últimos pueden ser exagerados y pueden mostrarnos una caricatura de la realidad, pero aun así aprendemos de ellos. Como dicen Adorno y Horkheimer en una de sus obras: «solo la exageración es verdadera».

No puedo extenderme en comentar en profundidad la obra del escritor polaco, pero es evidente que tal vez, siguiendo con la ironía de Lem, si asumiéramos la propuesta de *¿Preparados para el futuro?*, y la lleváramos al límite, nos encontraríamos de lleno en la era de la *farmacocracia* y en la nueva *psivilización*. Viviríamos en un mundo falsificado donde unos pocos, los *hechovidentes*, sabrían lo que ocurre realmente y su paternalismo los llevaría a practicar un *humanitarismo sublime* que utilizaría el *camelo químico*, el camuflaje, para que pensáramos que somos mejores y no pudiéramos ver la terrible realidad del mundo que habitaríamos. Es una novela de ficción, pero sirva esta excelente novela para la deliberación ética y política sobre el futuro que queremos construir.

* * *

No quisiera acabar el tema de la mejora moral sin hacer unas últimas reflexiones a modo de conclusión. En primer lugar, remarcar que la obra comentada trata un tema central de la actual bioética, nada menos que el biomejoramiento moral, tópico que como el propio Savulescu reconoce entronca con el transhumanismo, aunque él no se considere

---

[92] *Ibid.*, pp. 172-173.

transhumanista[93]. La relevancia del tema hace que la propuesta de *¿Preparados para el futuro?* deba de ser tenida en cuenta y examinada con sumo interés. La propuesta es desafiante pero mi comentario incide en un punto clave: ante un tema tan crucial —además de desafiante— la propuesta ha de ser *lo más justa posible para todos por igual*, lo más precisa y no eludir posibles consecuencias éticas y políticas.

Para movernos en el terreno de la justicia es deseable manejar el lenguaje de las normas y no el de los valores. Los autores utilizan constantemente el lenguaje moral más que el ético. Es cierto, como afirmé anteriormente, que de la promoción de ciertos valores se puede alcanzar un ideal de justicia; ahora bien, desear alcanzar o implementar nuestro ideal de justicia no nos puede conducir a defender la legitimidad de cualquier método. El método del biomejoramiento moral es cuestionable tanto ética como políticamente. Se nos abren numerosos interrogantes, algunos de los cuales he expuesto con anterioridad. Otros quedan, sin embargo, para una próxima reflexión: ¿Es justo decidir —supuestamente el Estado— qué valores son los que debemos implementar en los ciudadanos gracias a la biomedicina y a la farmacología? ¿Quién decide quienes son los sujetos por mejorar?

Todos estos temas están relacionados con el control biopolítico de la subjetividad y necesitan de una profunda reflexión[94]. El debate que iniciaron Persson y Savulescu en 2008 ha sido cuestionado por autores como Buchanan, Harris o Sparrow desde una perspectiva técnica y ética[95]. A estas críticas habría que añadir la reflexión biopolítica en dos dimensiones: por un lado, con relación al tema del control de la subjetividad y, por otro, en relación con el modelo de democracia que se derivaría de un biomejoramiento moral como el propuesto en *¿Preparados para el futuro?* Sobre este último punto los autores no son claros. Por poner un ejemplo, Persson y Savulescu llegan a afirmar en la *Introducción* de su obra que las democracias occidentales deberían ser menos liberales, restringiendo el derecho a la privacidad y aumentando la vigilancia, a fin de enfrentarnos correctamente al problema de la amenaza que suponen las armas de destrucción masiva. Siguiendo la misma línea argumentativa en el capítulo

---

[93] DIÉGUEZ, A.; RODRÍGUEZ, B., y SAVULESCU, J., «Entrevista a Julian Savulescu», *Pasajes*, 2019, 57, p. 53.

[94] Véase DELEUZE, G., «Post-scriptum a las sociedades de control», en DELEUZE, G., *Conversaciones*, Valencia, Pre-textos, 1999. Véase también FOUCAULT, M., *Vigilar y castigar*, Madrid, Alianza, 1975.

[95] Véase BUCHANAN, A., *op. cit.*, *Better Than Human*. Véase HARRIS, J., «... How Narrow the Strait! The God Machine and the Spirit of Liberty», *Cambridge Quarterly of Healthcare Ethics*, 2014, 23(3), pp. 247-260. Véase también SPARROW, R., «Enhancement and Obsolescence: Avoiding an *Enhancedrat Race*», *Kennedy Institute of Ethics Journal*, 2015, 25(3), pp. 231-260.

siete consideran que estas mismas democracias liberales para conseguir un nivel de consumo sostenible deberían, igualmente, restringir la libertad individual. Si bien los autores plantean correctamente las dificultades a las que se enfrentan las democracias occidentales ante los dos problemas citados —armas de destrucción masiva y medio ambiente—, la propuesta es vaga y poco precisa. No es necesario que la democracia occidental mire con envidia a los regímenes más vigilantes y con más restricciones a la libertad de sus ciudadanos para encontrar una salida. Tal vez sería interesante añadir elementos de la tradición política republicana para encontrar una alternativa a las actuales democracias occidentales que parecen incapaces de solucionar los grandes retos a los que nos enfrentamos. Me refiero, por ejemplo, a la aceptación de la libertad como no interferencia arbitraria (libertad como no dominación republicana) frente a la libertad como mera interferencia (libertad liberal).

Se necesita educar a los ciudadanos sobre las nociones políticas que debemos implementar. Los autores del biomejoramiento moral podrían aducir que sería mejor biomejorar que educar. Pero hay una diferencia crucial. Cuando educamos el sujeto es libre de decidir si sigue el camino señalado o no, pero ¿qué ocurre si el camino señalado se sigue no por convencimiento, sino por *imposición o prescripción farmacológica*? ¿Es realmente lo mismo? (no olvidemos que no estamos hablando de tratamiento o curación de una enfermedad sino de mejoramiento moral). En la línea de Hauskeller y Eberl considero que el bien moral que perfecciona al ser humano se alcanza tras su búsqueda y su elección e incluso asumiendo el riesgo de equivocarse[96].

El debate sigue estando abierto. Y ante los desafíos que el biomejoramiento moral nos plantea, considero necesario reforzar la idea de un mejoramiento en nuestro ideal de justicia y convencer sobre qué es *lo más justo para todos por igual*. Los valores —o idea de bien— que nos conducirán a ese ideal de justicia son muchos y diferentes, la educación en diferentes ideas de bien no es incompatible con asumir unos mínimos de justicia. Los ciudadanos son libres, incluso para equivocarse, en su elección de valores. Ninguna imposición de valores, ni tan siquiera biomédica, nos puede parecer justa.

---

[96] Véase HAUSKELLER, M., *op. cit.*, «A Cure for Humanity: The Transhumanisation of Culture». Véase EBERL, J. T., «A Thomistic Appraisal of Human Enhancement Technologies», *Theoretical Medicine and Bioethics*, 2014, 35(4), pp. 289-310.

# CAPÍTULO III

## TRANSHUMANISMO TECNOCIENTÍFICO RADICAL: EL POSTHUMANISMO

En el capítulo anterior mostré que no existen argumentos de peso ni éticos ni políticos para oponerse al mejoramiento negativo, es decir, a la mejora de ciertas discapacidades o enfermedades vinculadas a un sujeto particular. De igual modo presenté como factibles algunos de los proyectos de mejora positiva siempre y cuando se enmarquen en los principios de una teoría de la justicia exigente que abarque la justicia intergeneracional e interespecífica. Lo más importante para alcanzar este objetivo es legitimar uno a uno cada proyecto de mejora positiva. No debemos legitimar de forma generalizada todos los proyectos de biomejoramiento positivo porque corremos el riesgo de caer en la asunción de nuevas formas de injusticia y desigualdad.

En el presente capítulo me detendré en los proyectos más radicales de mejora positiva. Estos proyectos pretenden, partiendo de los humanos, alcanzar un tipo de ser, el posthumano, con diferencias tan centrales con los humanos que ya no sería humano en ningún aspecto significativo.

Para abordar la cuestión posthumana expondré el tema desde dos líneas de trabajo. En un primer apartado comentaré el proyecto posthumano más atrayente y más ficcional; me refiero al trabajo de Ray Kurzweil en la célebre *Universidad de la Singularidad* que pretende alcanzar la inmortalidad del humano. El segundo apartado seguirá una metodología narrativa. Como ya he señalado en trabajos anteriores, la ética narrativa y, por ende, la bioética narrativa tienen cada vez más peso en nuestro campo. Me serviré de narraciones literarias y cinematográficas para adentrarme por los vericuetos posthumanos.

## 3.1.    LA INMORTALIDAD DEL HUMANO O MÁS BIEN DEL POSTHUMANO

En el momento presente si hablamos de la superación de la muerte y, por consiguiente, de la posibilidad de ser inmortales, el nombre que se nos viene a la cabeza de forma más recurrente es Ray Kurzweil. ¿Quién es Ray Kurzweil?

> Ray Kurzweil, nacido en Nueva York en 1948, de familia judía emigrada de Europa por la persecución nazi, es una personalidad relevante en la ingeniería, en la filosofía, en la futurología, pero sobre todo en la teoría computacional de los seres vivos y del hombre. Kurzweil ha sido, y es, un extraordinario profesional en la ingeniería informática. Fundó compañías que diseñaron importantes programas informáticos que se aplicaron, y se siguen todavía hoy aplicando, en tecnologías de reconocimiento de voz, de textos escritos o de imágenes (aplicaciones tan conocidas como *Omnipage* o *Siri*, usado en *Iphon* o en *Ipad* de Appel, van unidas al nombre de Kurzweil). Después de haber fundado, administrado, vendido, importantes compañías de ingeniería informática, después de haber pasado de unos sitios a otros, en la actualidad es Jefe de Ingenieros de Google. Ha sido nombrado doctor honoris causa en más de veinte universidades y ha recibido los máximos honores del gobierno americano y del mundo empresarial privado, incluyendo los tres premios concedidos por tres diferentes presidentes americanos. Ha publicado siete libros (cuatro que tengan en realidad relación con el pensamiento científico-filosófico, ya que otros son sobre la salud y el bienestar), pero son innumerables sus intervenciones públicas en conferencias y debates de todo tipo. Kurzweil ha sido uno de los promotores principales de la fundación en 2009 de la *Singularity University en Moffett Field CA*, apoyada por *Google* y la *Nasa Ames Research Center*, entre otras empresas y particulares señalados (incluyendo a Arnold Schwarzeneger). Eludimos exposiciones más amplias de su biografía intelectual, y de su actividad profesional, ya que son fácilmente asequibles por Internet[1].

La valía profesional de Kurzweil en el mundo computacional y en la ingeniería informática está lejos de ser cuestionada, todo lo contrario. ¿Ocurre lo mismo con el tratamiento que hace del cerebro humano en conexión con las máquinas cuando presenta un proyecto de superación de la muerte? Lo lógico sería pensar que estamos ante el mismo Kurzweil, al fin y al cabo, todos tenemos una identidad; pero como he afirmado en el capítulo primero, no defiendo una identidad esencial, sino existencial que se va construyendo a lo largo de nuestra vida y que tiene mucho que ver con lo que queremos hacer y con lo que hacemos. Por tanto, el Ray Kurzweil de la *Universidad de la Singularidad* va más allá del ingeniero computacional de sus primeros años profesionales[2].

---

[1] MONSERRAT, J., «El transhumanismo de Ray Kurtzweil. ¿Es la ontología biológica reductible a computación?», *Pensamiento*, vol. 71, 2015, pp. 1417-1441.

[2] KURZWEIL, R., *La Singularidad está cerca*, edición en español, Lola Books, Edición Kindle, 2012.

La idea fundamental del proyecto de la *singularidad* es fácil de entender, aunque no parece tan fácil de asimilar. La *singularidad* marcará un evento único, el momento culmen en el que se consiga la interfaz cerebro-máquina más segura y potente que podamos imaginar. Empresas como Neuralink pretenden desarrollar tecnología que interactúe directamente con el cerebro, ni con ayuda de la voz ni con las manos. La empresa tiene su sede en San Francisco, se dio a conocer en 2017 y tiene como apoyo financiero inicial al magnate Elon Musk[3].

La pregunta clave que deberíamos hacer a los expertos en inteligencia artificial (IA) es cómo pretenden conseguir esa interfaz cerebro humano-máquina sin destruir toda nuestra condición humana. Aunque pueda parecer lo contrario este es el objetivo de Kurzweil, ir más allá de lo humano sin hacer desparecer la condición humana. Kurzweil parte de la *ley de los rendimientos acelerados*:

> La actual aceleración de la tecnología es consecuencia inevitable de lo que yo llamo la ley de los rendimientos acelerados, que describe la aceleración en el ritmo y el crecimiento exponencial de los frutos de un proceso evolutivo. Estos frutos incluyen particularmente las tecnologías relacionadas con la información tales como la computación, y sus aceleraciones se extienden de forma considerable más allá de las predicciones hechas por la que se ha dado en llamar ley de Moore. La Singularidad es el resultado inexorable de la ley de los rendimientos acelerados[4].

Partiendo de la certeza de esta ley, la tecnología crecería a un ritmo tan extremadamente alto que parecería «expandirse a una velocidad infinita»[5]. La evolución biológica produjo al *Homo sapiens*, este, a su vez, crea la tecnología; la posterior fase de la evolución supondría que la nueva tecnología creará más tecnología sin la intervención del hombre. Todo ello gracias a la *ley de los rendimientos acelerados*. Podríamos pensar que los humanos, llegados a un punto, no podríamos pensar tan rápidamente como para seguir el ritmo de expansión de la tecnología. Esta pregunta se la hace el propio Kurzweil y su respuesta resuelve el problema desde su posicionamiento de partida. A saber, si somos capaces, como ya está ocurriendo en ciertos experimentos, de expandir nuestra mente en las máquinas, conseguiríamos científicos «mil veces más inteligentes que los científicos humanos de hoy, funcionando cada uno mil veces más deprisa que los humanos actuales (porque el procesamiento

---

[3] Todo este tipo de propuestas se han ido acelerando tras el desarrollo de líneas de investigación no solo neurocientíficas, sino igualmente neuroéticas. Véase BONETE, E., *Neuroética práctica. Una ética desde el cerebro*, Editorial Desclée De Brouwer, Bilbao, 2010.
[4] *Ibid.*, pp. 60-61.
[5] *Ibid.*, p. 45.

de información es más veloz en sus cerebros en su mayor parte no biológicos). Un año cronológico sería como un milenio para ellos. ¿Qué no inventarían?»[6].

El meollo de la *singularidad* pasa por aceptar la *ley de los rendimientos acelerados* y por la capacidad de fusionar, o mejor dicho expandir, nuestra mente en las máquinas. En palabras de Kurzweil, no solo se dará esta expansión de nuestra mente en la máquina, sino que la parte de la máquina, la parte no biológica, se impondrá inevitablemente a la parte humana; esto será así, precisamente, porque la parte no biológica seguirá creciendo exponencialmente mientras que la parte biológica no podrá seguir la velocidad de este crecimiento:

> Una vez que la inteligencia no biológica se afiance en el cerebro humano (cosa que ya ha comenzado con los implantes neuronales informatizados), la inteligencia de las máquinas en nuestros cerebros crecerá exponencialmente (tal y como ha venido haciendo hasta ahora), y doblará su capacidad por lo menos una vez al año. Por el contrario, la inteligencia biológica es, en términos prácticos, de capacidad constante. Por eso la parte no biológica de nuestra inteligencia terminará por ser predominante[7].

Volvamos a la pregunta de unos párrafos anteriores, ¿el humano desaparecería ante el dominio de la parte no biológica que crece exponencialmente? Kurzweil insiste en que su propuesta no lleva a la desaparición del humano, él propone un «humanismo extensivo» capaz de reinterpretar el humanismo y de extenderlo hacia las máquinas:

> El hecho que se impone por la dinámica misma del conocimiento y de la tecnología, que no podrán frenarse, es la aparición futura de un estado, individual y social, de *Singularidad*, en el que la forma de vivir dará un salto cualitativo y se entrará en una nueva Era (la quinta y sexta Era, según la clasificación de Kurzweil). Esta nueva Era no supondrá para Kurzweil «reducir» (reduccionismo) la mente humana a lo robótico, mecánico, determinista y ciego, sino, muy al contrario, la extensión de la mente humana hacia posibilidades nuevas y en sumo grado enriquecedoras. Las propiedades de la mente humana, tales como la conciencia, la condición de sujeto psíquico, la identidad personal, la libertad, el conocimiento, la racionalidad, la construcción biográfica y la especificidad de la propia personalidad, no desaparecerán. Al contrario, aparecerán nuevas formas de realidad que harán posibles nuevas formas de conciencia, identidad, libertad, personalidad...Se hará posible un nuevo «humanismo extensivo»[8].

---

[6] *Ibid.*, p. 45.
[7] *Ibid.*, p. 51.
[8] Monserrat, J., «El transhumanismo de Ray Kurtzweil. ¿Es la ontología biológica reductible a computación?», *op. cit.,* p. 1422.

Las críticas que se han hecho al proyecto de Kurzweil son varias y proceden de diferentes campos. En la misma obra *La Singularidad está cerca*, Kurzweil recoge las críticas recibidas e intenta responder a ellas en el capítulo noveno en el apartado «Una panoplia de críticas». No voy a detenerme en todas me centraré en las que considero más relevantes para mi exposición.

Desde la ingeniería computacional se critica el pilar fundamental de su teoría, a saber, la *ley de los rendimientos acelerados*: «La "crítica desde Malthus": es un error extrapolar tendencias exponenciales indefinidamente, ya que estas acabarán inevitablemente por quedarse sin recursos para mantener su crecimiento exponencial»[9]. La respuesta de Kurzweil está en sintonía con su creencia en el crecimiento exponencial de la IA, a saber, aun reconociendo que el crecimiento exponencial alcance una asíntota, los recursos materiales y energéticos para la computación son tan ínfimos que la tendencia exponencial seguirá creciendo hasta que la inteligencia no biológica sea «billones de billones de veces más potente que la inteligencia biológica»[10].

Otras críticas relacionadas con el *software*, con el procesamiento analógico, la complejidad del procesamiento neuronal, la computación cuántica, el aprisionamiento tecnológico, la ontología o la división entre ricos y pobres, son expuestas y respondidas por Kurzweil de manera no tan solvente como el autor da a entender.

El «humanismo extensivo» de Kurzweil parte de dos supuestos centrales, uno primero, la *ley de rendimientos acelerados*; el segundo supuesto importante es la identidad ontológica y funcional de la mente humana y la mente computacional. Aun suponiendo que el primer supuesto fuese cierto, el de la *ley de rendimientos acelerados,* el segundo principio es el más frágil de la tesis de la *singularidad* y, por tanto, si fuese difícil de admitir tal principio, sería altamente imposible pensar en la posibilidad de la *singularidad.*

Para mostrar la fragilidad de este segundo principio, partiré de una cuestión paralela que se lleva años debatiendo, ¿existe consciencia en los animales no humanos? Estamos refiriéndonos a seres biológicos, y en muchos casos con sistemas nerviosos y neuronales muy semejantes a los nuestros, a pesar del consenso alcanzado en la *Declaración de Cambridge* y que expuse en el primer capítulo, ni la mayoría de la población ni de la comunidad científica están adoptando medidas en línea con la creencia en la existencia de consciencia en los animales no humanos. La pregunta es obvia: ¿cómo es posible que se siga sin admitir sin ambages la existencia de consciencia en sistemas biológicos no humanos, pero muy similares al

---

[9] Kurzweil, R., *La Singularidad está cerca, op. cit.*, pp. 634-635.
[10] *Ibid.*, p. 635.

humano en muchos aspectos neurocientíficos, y pensemos, como hacen los *singularistas* como Kurzweil, que podremos hablar sin ningún género de dudas en la existencia de una mente computacional idéntica a la biológica, a la humana? ¿Existe identidad entre las identidades biológicas y computacionales? La respuesta nos la da el filósofo Monserrat:

> El que dos sistemas sean capaces de llegar a resultados similares (resultados inteligentes, análisis racionales, reflexión sobre sí mismo, personalidad, identidad, libre albedrío…), no justifica afirmar que los dos sistemas lleguen a esos resultados a través de funciones, procesos y estados idénticos. Es decir, la similitud en los resultados no permite hablar de identidad funcional. Sabemos que no existe una identidad ontológica entre entidades biológicas y entidades computacionales. Nadie puede ponerlo en duda sensatamente (aunque sabemos, eso sí, que marear la perdiz y echar tinta de calamar siempre es posible). La mente humana funciona poniendo en juego la sensibilidad-conciencia, la psique (conciencia más sujeto) en una coordinación armónica con muchos procesos mecánicos y deterministas, también regulados por el cerebro. La «mente» computacional, en cambio, funciona por algoritmos lógico-matemáticos mecánicos, deterministas y ciegos. Lo que el robot/androide hace (o hará) nunca podrá ser otra cosa en realidad que «simular» propiedades funcionales, procesos y estados de las entidades biológicas: conciencia, subjetualidad, identidad, libre albedrío, etc.[11]

El supuesto central de la IA fuerte defendida por Kurzweil, a saber, que el cerebro es un computador biológico no solo es cuestionable como expone Javier Monserrat en el artículo citado, sino que ni siquiera genera un consenso como el alcanzado sobre la consciencia de los animales no humanos[12].

Para acabar de revisar sus respuestas a los críticos me detendré en dos puntos que enlazan con la argumentación de mi obra: por un lado, la crítica por la división entre ricos y pobres y, por otro, la crítica por la regulación gubernamental. Según el posicionamiento de los que exponen la primera crítica, el desarrollo de un fenómeno como la *singularidad* acrecentará la brecha entre ricos y pobres. La respuesta de Kurzweil es bastante escueta y simplista. Acaba afirmando que «gracias al actual crecimiento exponencial en la relación precio-rendimiento, todas estas tecnologías se vuelven rápidamente tan baratas que acaban siendo casi gratis»[13]. Los ejemplos que busca son escasos y podríamos encontrar numerosos contraejemplos: ¿realmente creemos que la brecha entre ricos y pobres está

---

[11] MONSERRAT, J., «El transhumanismo de Ray Kurtzweil. ¿Es la ontología biológica reductible a computación?», *op. cit.,* pp. 1435-1436.

[12] Véase las críticas a la IA fuerte del filósofo John Searle en su analogía de «la habitación china», SEARLE, J. R., *The Rediscovery of the Mind,* Cambridge, Mass., MIT Press, 1992. El propio Kurzweil tiene en cuenta la crítica de Searle y le responde en su obra *La Singularidad está cerca.*

[13] KURZWEIL, R., *La Singularidad está cerca, op. cit.,* p. 696.

disminuyendo? Es evidente que los *Objetivos para el Milenio* no se están cumpliendo en este aspecto. No solo existe una brecha entre países, sino que desde la famosa quiebra de *Lehman Brothers* en 2008, la brecha entre ricos y pobres dentro de las sociedades occidentales se ha incrementado de manera escandalosa, acentuándose con la crisis que nos ha traído la pandemia COVID-19 y la actual crisis energética vivida sobremanera en los países europeos tras el conflicto bélico entre Rusia y Ucrania. Estamos lejos de disminuir brechas, y qué decir sobre la brecha digital, ¿realmente es pequeña o está disminuyendo? No es esta la sensación de los primeros estudios sobre el tema tras la pandemia y el análisis de la brecha digital entre los mismos ciudadanos occidentales y estos en relación con los del resto del planeta[14]. El optimismo de Kurzweil incluso abarca a la expansión de medicamentos en el tercer mundo:

> Los medicamentos son básicamente parte integrante de las tecnologías de la información, y en ellos observamos el mismo doblaje anual en la relación precio-rendimiento que observamos en otras formas de tecnologías de la información como por ejemplo en los ordenadores, las comunicaciones y la secuenciación de pares de bases de ADN. Los medicamentos contra el SIDA empezaron funcionando no muy bien y costando decenas de miles de dólares por paciente y año. Hoy estos medicamentos funcionan razonablemente bien y se están aproximando a los 100 dólares por paciente y año en países pobres como los africanos[15].

Frente a este optimismo solo cabe leer informes como los presentados por organismos independientes como el inglés Foreign Affairs o el español El Orden Mundial (EOM) donde se nos dice:

> En ese contexto, el uso de antirretrovirales es especialmente necesario en África, la región que presenta una mayor incidencia del virus: concentra el 70% de las infecciones de VIH y el 61% de las muertes relacionadas con el SIDA. Y es que, tal y como reflejan los datos de la Organización Mundial de la Salud (OMS) de 2019, la lucha contra el virus es muy dispar en el continente. Tan solo un grupo pequeño de países (Esuatini, Namibia, Botsuana, Zimbabue, Zambia, Burundi, Ruanda, Uganda y Cabo Verde) son capaces de proporcionar terapia antirretroviral a al menos el 80% de los infectados de VIH, mientras que en otros como Madagascar o Túnez esta proporción se encuentra por debajo del 20%. Por si fuera poco, la OMS alertó de que en caso de que la pandemia interrumpiera los servicios de prevención y tratamiento del virus de la inmunodeficiencia humana se podría producir un exceso de muertes de hasta 500.000 personas en África subsahariana[16].

---

[14] ITU Publications, *Measuring digital developments. Facts and figures 2021*, 2021 [online] Available: https://www.itu.int/itu-d/reports/statistics/facts-figures-2021/index/

[15] KURZWEIL, R., *La Singularidad está cerca, op. cit.*, p. 697.

[16] MERINO, A., «La lucha contra el sida en África. % de personas con VIH que reciben terapia antirretroviral» (2019). Available at https://elordenmundial.com/mapas-y-graficos/uso-antirretrovirales- africa/.

Por si fuera poco, la pandemia que vivimos desde marzo de 2020 ha acentuado la brecha entre países ricos y pobres, el escaso reparto de la vacuna contra la COVID-19 en los países africanos así lo demuestra. La iniciativa de la OMS para el reparto equitativo de la vacuna a nivel global, el llamado mecanismo COVAX, no funciona tan bien como se quisiera. Con datos del Ministerio de Sanidad, por poner ejemplos, en España el porcentaje de personas completamente vacunadas alcanza un 85,26% mientras que en países como Camerún tan solo llega a un 4,53%[17]. En definitiva, no parece que por la *ley de los rendimientos acelerados*, defendida por Kurzweil, vayamos a ver a corto o medio plazo un reparto más equitativo de la tecnología, incluidos los medicamentos que hoy en día se obtienen tras la investigación biotecnológica. La argumentación del defensor de la *singularidad* es más un deseo que una realidad.

Los críticos con la regulación gubernamental atacan a la propia regulación de los países en la medida en que entorpece el desarrollo exponencial de las nuevas tecnologías. Según Kurzweil muchas de las regulaciones obedecen a un «humanismo fundamentalista» y son superadas por los beneficios del progreso técnico[18]. En ningún caso el autor de *La Singularidad está cerca* entabla un debate sobre lo que es realmente progreso técnico, sus consecuencias posibles y su relación con el progreso moral. La idea de un progreso moral no aparece recogida en ninguna parte de la obra. Leyendo su argumentación, en este punto, parecería que los gobiernos, llevados por intereses ideológicos perversos, quisieran entorpecer el desarrollo tecnológico. No parece percatarse de la obligación de los Estados de garantizar el progreso tecnológico, si y solo si este va unido a lo que entendemos por progreso moral, y que tanto tiene que ver con el concepto de justicia que vengo defendiendo. Por si esto fuera poco, cuando un Estado decide implementar determinadas políticas científicas-tecnológicas ha de regularlas necesariamente con el fin de que se respete el ideal de justicia y progreso moral que está defendiendo. Sin regulación, la mayoría de los humanos, de los no humanos y del planeta Tierra, estaríamos perdidos, abandonados a nuestra suerte. Y no lo olvidemos, la justicia nunca se puede interpretar como una cuestión de suerte. El optimismo de muchos *singularistas* al mantener que todo se podrá solucionar con las nuevas tecnologías no es más que ingenuidad. Como bien señala Luc Ferry, hoy en día vivimos situaciones trágicas que enfrentan a dos legitimidades opuestas (en nuestro caso una legitimidad posthumanista podría enfrentarse a un transhumanismo crítico, como

---

[17] Fuentes: Ministerio de Sanidad | Datosmacro.com | Our World in Data | CSSE (JHU). Available at https://datosmacro.expansion.com/otros/coronavirus-vacuna.

[18] Señala en este punto algunas regulaciones del Consejo Europeo. Véase KURZWEIL, R., *La Singularidad está cerca, op. cit.*, p. 700.

veremos), ya no se trata de un enfrentamiento entre buenos y malos[19]. ¿Cómo escapar de esta situación trágica? Si no queremos un conflicto desgarrado y sin fin, será necesario el acuerdo y la regulación. Luc Ferry propone una regulación política apoyada en un principio superior que nos permita plantear unos límites, pero no prohibir por prohibir[20]. Ese principio superior, insisto, debe derivarse de nuestro principio de justicia y de la idea de progreso moral unida a él.

Kurzweil acaba afirmando que la crítica más honesta que se le hace a su proyecto de la *singularidad* es la que adopta los tintes de la incredulidad. Nuestro autor *singularista* olvida que esto no es un debate entre crédulos e incrédulos, entre lo que es posible o no es posible; el debate se juega entre lo que es defendible ética y políticamente hablando y lo que no lo es. O, con otras palabras, lo importante no es decidir lo que es posible y hacerlo, sino lo que es necesario hacer, lo que es nuestro deber hacer para el bien no solo de los humanos, sino de todos los seres vivos que habitan este planeta.

Los importantes dilemas éticos y políticos que plantean estas nuevas tecnologías no son debatidos en profundidad por los *singularistas* encabezados por Kurzweil. La reflexión biopolítica en al menos dos dimensiones, como comenté en anteriores capítulos, sigue siendo muy necesaria: por un lado, en relación con el tema del control de la subjetividad y, por otro, con relación al modelo de democracia que se podría derivar de un mundo posthumano. Tal vez Kurzweil no vea necesarios estos debates porque en su mundo posthumano ya no cabe la subjetividad ni la democracia. Cuando la mente sea computacional, cuando domine lo computacional, ¿podríamos seguir hablando de la subjetividad y del control de esta? ¿Tendría sentido seguir defendiendo una teoría política democrática para una sociedad posthumana donde las máquinas superinteligentes dominasen el mundo?

Como contrapunto al vacío bioético y biopolítico en la reflexión de Kurzweil, me gustaría citar el libro del filósofo belga Mark Coeckelbergh *Ética de la Inteligencia artificial*[21]. El pensador belga se adentra por los vericuetos y las relaciones espinosas que pueden darse entre la ética y la IA:

> Si nos tomamos la ética de la IA seriamente e implementamos sus recomendaciones, puede que tengamos que enfrentarnos a contrapartidas, sobre todo a corto plazo. La ética puede tener un coste de dinero, tiempo y energía. Sin embargo, al reducir los riesgos, la ética y la innovación responsable apoyan el desarrollo

---

[19]    FERRY, L., *La revolución transhumanista*, Edición digital, Alianza Editorial, 2017, posición 2938.

[20]    *Ibid.*, posición 3016.

[21]    COECKELBERGH, M., *Ética de la Inteligencia artificial*, edición en formato digital, Cátedra, 2021.

sostenible a largo plazo de las empresas y de la sociedad. Sigue siendo un reto convencer a todos los actores en el campo de la IA, incluyendo a los que desarrollan políticas de actuación, de que este es ciertamente el caso[22].

El libro de Coeckelbergh no solo examina la ética de la IA profundizando en las cuestiones relacionadas con la responsabilidad, la privacidad o los sesgos (los efectos discriminatorios que pueden tener ciertos desarrollos tecnológicos sobre algunos grupos o individuos), sino que añade una propuesta de ética positiva: «Adicionalmente, además de una ética negativa que imponga límites, también necesitamos hacer explícita y elaborar una ética positiva con el objetivo de desarrollar visiones buenas de la vida y de la sociedad»[23]. Otra asignatura pendiente, como señala el filósofo belga, será alcanzar la interdisciplinariedad y la transdisciplinariedad:

> Aún existe una gran brecha en la formación y comprensión entre la gente de humanidades y ciencias sociales y la gente de ciencias naturales e ingeniería, tanto dentro como fuera del mundo académico. Hasta ahora, el apoyo institucional para tender puentes sustanciales y significativos entre estos dos «mundos» ha sido insuficiente, tanto en el ámbito académico como en la sociedad en general. Pero si realmente queremos tener una tecnología avanzada ética tal como la pretende la ética de la IA, necesitamos acercar ambos mundos, y mejor pronto que tarde[24].

Coeckelbergh nos recuerda un punto que estaba en el origen de la bioética, la necesidad de construir puentes entre las humanidades y las ciencias. Esta era la pretensión de Van Rensselaer Potter en su obra *Bridge to the future* (1971). Potter estaba convencido de que, sin tener en cuenta a la ética, el desarrollo científico y tecnológico nos conduciría a una crisis medioambiental que provocaría no tan solo la destrucción de la naturaleza, sino también la del humano. La bioética debería garantizar ese puente entre la cultura científica y la humanística. Un puente que impediría la destrucción de gran parte del planeta. Más de cincuenta años después de que Potter publicara su obra seguimos reclamando interdisciplinariedad. Resulta cuanto menos paradójico y, por supuesto, no deja de ser decepcionante.

La filósofa norteamericana Susan Schneider, en su libro *Inteligencia artificial*, busca el ansiado diálogo entre la filosofía y la ciencia. Como dice la autora: «Hemos visto que la ciencia de las tecnologías emergentes puede desafiar y expandir nuestra comprensión filosófica de la mente, el yo y la persona. A la inversa, la filosofía pule nuestro juicio de lo que pueden lograr esas tecnologías: si podría haber o no robots conscientes,

---

[22] *Ibid.*, p. 155.
[23] *Ibid.*, p. 156.
[24] *Ibid.*, pp. 158-159.

si se podría sustituir gran parte de tu cerebro por microchips y seguirías siendo tú, etcétera»[25].

Hoy más que nunca ante todos los avances científicos y tecnológicos y ante todos los desafíos ecológicos, sociales y políticos que se nos plantean debemos potenciar el diálogo ético y filosófico sobre el progreso científico-técnico y el progreso moral. Debemos repensar el modelo, pongamos por caso, de IA que queremos potenciar. Y este modelo, evidentemente, debería respetar el ideal de justicia que vengo exponiendo, potenciar la justa distribución de la riqueza, el reconocimiento de la identidad y la representación política justa. En definitiva, no se trata de decir no a todo proyecto de IA, sino que con todo lo debatido y examinado debemos optar por una IA sostenible y justa no solo para los humanos sino para todos los no humanos y el planeta en general. Huyamos del caduco antropocentrismo para afrontar los nuevos retos que se nos presentan.

## 3.2.  LA ÉTICA NARRATIVA, UN MÉTODO PARA LA COMPRENSIÓN DE LO POSTHUMANO

Como comenté al inicio del capítulo, la exposición sobre el posthumanismo iba a constar de dos apartados diferentes. En el primer apartado abordé el proyecto posthumano más mediático y controvertido, el proyecto de la *singularidad*. En este segundo apartado, siguiendo una de las líneas centrales de la bioética narrativa, expondré varias narraciones literarias y cinematográficas que nos pueden hacer ver las contradicciones, las paradojas y, en definitiva, los dilemas éticos a los que deberíamos someternos si se llevan a cabo muchas de las propuestas que plantea el transhumanismo tecnocientífico en su versión más radical que denomino posthumanismo.

En otras de mis obras he recalcado la importancia de la ética narrativa como método de deliberación ante numerosos conflictos éticos y bioéticos. La ética narrativa adopta, desde mi punto de vista, dos líneas de investigación. Por un lado, este tipo de ética quiere subrayar que la personalidad es algo moralmente relevante y, por lo tanto, es preciso tenerla en cuenta ante los dilemas bioéticos o éticos. Por supuesto, como señalé en capítulos anteriores al hablar de personalidad e identidad, incluido en este tema, me refiero a una personalidad existencial, alejada de cualquier esencialismo o metafísica. Este es el significado que le otorga la filósofa norteamericana H. Lindemann Nelson: «Haber vivido [...] como una

---

[25]  Schneider, S., *Inteligencia artificial*, edición digital, Koan Libros, p. 119.

persona significa haber adoptado mi papel adecuado en el mundo social, mundo que nos permite hacernos los unos con los otros»[26].

En el ámbito español Lydia Feito Grande y Tomás Domingo Moratalla han trabajado esta caracterización en su libro *Bioética narrativa*[27]. Según Lydia Feito la ética narrativa aporta a la ética unos elementos centrales: en primer lugar, la ética narrativa enfatiza lo particular, la evaluación de lo más específico del caso a la hora de tomar decisiones; en segundo lugar, este tipo de ética intenta recuperar dimensiones olvidadas de la ética, como es la dimensión actitudinal, la actitud de compromiso y responsabilidad para con los otros y, por último, como tercer elemento esencial, el modelo narrativo se inscribe en la perspectiva en la que el contexto y los elementos emocionales juegan un papel fundamental para tomar decisiones dentro de la ética[28]. Estaríamos ante una propuesta metodológica que no sería mero principialismo o casuismo, dos de las metodologías clásicas de la bioética.

Sin entrar en más detalles sobre estos métodos, me gustaría subrayar el segundo aspecto de la ética narrativa que nos llevaría a enfatizar la necesidad de recurrir a las narraciones literarias o cinematográficas como segunda línea de investigación. Es precisamente a través de este tipo de narraciones como somos capaces de vislumbrar posibles y futuribles identidades deliberativas, cargadas de emociones que asuman responsabilidades a la hora de tomar decisiones éticas relacionadas, entre otros muchos aspectos, con la tecnociencia. El futuro no está escrito en ninguna parte, pero es nuestra obligación ética y política deliberar sobre las posibles consecuencias futuras de nuestras decisiones dentro del terreno de la ciencia y la tecnología. Nada mejor que deliberar sobre las narraciones que nos muestran estas futuras consecuencias. En este sentido, Martha Nusssbaum ha insistido en el papel importante de las diferentes narrativas (literaria, fílmica, etc.) para educar, tanto a legos como a profesionales, en la deliberación ética y política[29]:

> Tanto en *El cultivo de la humanidad* como en *Sin fines de lucro. Por qué la democracia necesita de las humanidades*, la autora expone la necesidad de un diseño curricular universitario intercultural y, por lo tanto, la urgencia de incorporar las artes y las humanidades, como fuente de recursos morales, en todo proyecto educativo.

---

[26] LINDEMANN NELSON, H., *Holding and Letting Go: The Social Practice of Personal Identities*, Oxford University Press, 2014, p. 159. Traducción propia.

[27] FEITO GRANDE, L. y MORATALLA, T. D., *Bioética narrativa*, Madrid, Escolar y Mayo Editores, 2013.

[28] FEITO GRANDE, L., «Bioética narrativa» en *Butlletín del Comitè de Bioètica de Catalunya*, n.º 9, 2013, p. 2.

[29] Véase NUSSBAUM, M. C., *El cultivo de la humanidad: una defensa clásica de la reforma en la educación liberal*, Barcelona, Paidós, 2005 y *Sin fines de lucro. Por qué la democracia necesita de las humanidades*, Madrid, Katz, 2010.

El argumento principal que desarrolla Nussbaum para justificar su reclamo lo podemos encontrar en una obra anterior, *La fragilidad del bien*[30]. La autora relaciona la deliberación ética con el método denominado *equilibrio perceptivo*. Este método recoge dos elementos deliberativos centrales de la teoría aristotélica: la *phantasía* y la teoría de la acción. Lo importante para Nussbaum es mostrar que «la teorización ética se realiza mediante un diálogo reflexivo entre las intuiciones y creencias del interlocutor o lector y una serie de concepciones éticas complejas, que se proponen para su estudio» [...] Nussbaum considera que las novelas y especialmente las tragedias ofrecen grandes posibilidades deliberativas. Subraya la utilidad de trabajar con textos de este tipo[31].

Siguiendo estas reflexiones me detendré en diferentes narrativas que nos hacen reflexionar sobre los proyectos posthumanistas. Alguien podría objetar que lo que muestran ciertas narraciones literarias o cinematográficas son visiones exageradas de un posible futuro posthumano, pensadas para su difusión masiva y que con este fin en mente pretenden mostrar los rasgos más catastrofistas de los futuribles proyectos tecnocientíficos. Evidentemente esto puede ser así en numerosos casos, pero a pesar de reconocer que las obras no dejan de ser obras de ficción y que pueden estar exagerando con fines comerciales las consecuencias negativas, a pesar de ello, no podemos obviar todos los posibles efectos, incluidos los negativos. ¿Por qué deberíamos deliberar solo desde el tecnooptimismo? Debemos hacer una reflexión y deliberación equilibrada, capaz de ponderar las posiciones extremas, hemos de escuchar a los defensores de proyectos transhumanistas, pero también a sus críticos. En numerosas ocasiones, estas críticas se desarrollan de manera muy efectiva en narraciones literarias y cinematográficas. Escuchemos lo que nos dicen estas narraciones incluso sabiendo que pueden utilizar la exageración. Tanto tecnooptimistas como tecnocatastrofistas van a exagerar, ya lo sabemos, pero no olvidemos una sentencia de Adorno, tomada de Freud, que creo muy necesaria para construir la verdad o la justicia sobre estos temas: «En la exageración está la verdad».

### 3.2.1.  *¿SUEÑAN LOS ANDROIDES CON OVEJAS ELÉCTRICAS?*

El título de este apartado se corresponde con una novela del escritor estadounidense Philip K. Dick (1928-1982)[32]. La novela que voy a tratar fue publicada en 1968, pero hay que reconocer que la mayoría del público

---

[30]  NUSSBAUM, M. C., *La fragilidad del bien*, Madrid, Visor, 1995.
[31]  HERRERA GUEVARA, A., *La conspiración de la ignorancia. Una reflexión sobre el progreso y sus paradojas*, *op. cit.*, pp. XII-XIII.
[32]  DICK, P. K., *¿Sueñan los androides con ovejas eléctricas?*, Barcelona, Editorial Planeta, edición epub, 2019.

conoce más la versión cinematográfica, que realizó en 1982 Ridley Scott con el título *Blade Runner,* que la propia novela de Philip K. Dick. Tanto la novela como su adaptación al cine son magistrales, pero en esta ocasión considero más acertado analizar la novela. Las diferencias entre ellas son evidentes y considero que ciertos aspectos relevantes de la obra de Dick son pasados por alto en una película, que como no podría ser de otra forma, tiene unos intereses comerciales.

El mundo distópico que describe Dick es datado en 2021 y trascurre en la ciudad de San Francisco. Hemos padecido una nueva guerra mundial «Terminus» que ha exterminado a millones de personas. Las consecuencias han sido nefastas. Por todo lo que narra Dick, se ha llevado a cabo una Gran Guerra Nuclear que ha acabado con la mayoría de la vida en la Tierra. El polvo radiactivo cae sobre la tierra, las *motas radiactivas* son el legado de este conflicto. Como nos explica el narrador, nadie recordaba quién había ganado la guerra ni cómo se originó el polvo que contaminó todo. Curiosamente las primeras criaturas en morir fueron los búhos. Ante este panorama desolador, se pensó en la colonización de otros planetas. La gente que permanecía en la Tierra estaba expuesta a mutaciones genéticas. La sociedad descrita por Dick no pudo evitar el conflicto, sin embargo, estaba lo suficientemente avanzada desde el punto de vista científico y técnico como para llevar a cabo una Gran Guerra Nuclear y, posteriormente, ante la eliminación de la mayor parte de vida en la Tierra, construir robots capaces de desenvolverse en un mundo alienígena. Robots que denominaron *androides orgánicos,* más conocidos como *andys.* El nuevo gobierno junto a sus *vasallos científicos,* la *Corporación Rand* y la *Asociación Rosen,* potencian las réplicas de todos los seres vivos, no solo de los humanos. Las empresas fabrican *andys,* pero también ovejas eléctricas o cualquier otro animal que pueda ser replicado. Los aún habitantes de la Tierra, ante la escasez de animales orgánicos, aprecian con desmesura a sus réplicas, a los animales sintéticos. El protagonista de la novela y su esposa, por ejemplo, mantienen en la azotea de su apartamento una oveja eléctrica con la pretensión, ¿ingenua?, de que el resto de los inquilinos piensen que es orgánica.

Ante este estado de cosas, el lema incesante del gobierno, lanzado a través de un televisor que no cesa de emitir con la voz del «Amigable Buster», es claro: «¡Emigra o degenera! ¡La decisión es tuya!» La ONU facilitó la emigración a las nuevas colonias y cada emigrante obtenía un modelo de androide de su elección.

A pesar de este panorama desolador, había personas que permanecían en la Tierra. Una de ellas es el protagonista de la novela, Rick Deckard, y su esposa Iran. Deckard es un cazarrecompensas. Su trabajo consiste en capturar androides rebeldes y retirarlos (eufemismo de matarlos).

Cada vez es un trabajo más complicado debido a la sofisticación de los nuevos modelos de androides, entre ellos el modelo Nexus-6.

La trama central de la novela cuenta las peripecias, estados de ánimo y vivencias a las que ha de enfrentarse Rick Deckard en su misión de capturar a unos Nexus-6 rebeldes que han llegado a la Tierra. Son androides superinteligentes, sus cerebros poseen «dos billones de piezas, con diez millones de vías neuronales separadas». Con anterioridad otros modelos de *andys* entraron también en la Tierra. Era difícil localizarlos, hasta que se diseñó el *Test de Empatía Voigt-Kampff*. Esta prueba era capaz de medir la empatía, cualidad propia de la especie humana. Los androides eran incapaces de pasarlo, pero cada vez era más difícil detectarlos con claridad.

El mundo descrito por Dick, y plasmado en las vicisitudes de los protagonistas de su novela, no es un mundo deseable. Todo lo contrario. El mayor problema no son los *andys,* sino el propio humano. El humano ha provocado su destrucción y, prácticamente, la del planeta Tierra y la de todas sus criaturas. Por si esto fuera poco, los humanos que permanecen en la Tierra se enfrentan a una constante contaminación radiactiva y a una permanente sensación de soledad. Las máquinas, el desarrollo científico-técnico, intentan paliar algunos de estos problemas. Pero a medida que vamos leyendo la novela, nos percatamos de la inutilidad del proyecto tecnocientífico. Pondré varios ejemplos.

En primer lugar, los *andys*. Estos robots son construidos como *androides orgánicos* para que puedan vivir y trabajar en las condiciones extremas de otros planetas que han sido colonizados. A lo largo de la novela nos percatamos de la dificultad de diferenciarlos de los humanos, tan sólo es posible diferenciarlos si realizamos una prueba: el *Test de Empatía Voigt-Kampff*. Supuestamente los androides no pasan el test, al ser incapaces de sentir empatía. Ahora bien, la frontera es muy sutil. Dos de los protagonistas, Rachel Ronsen y el propio Rick Deckard, llegan a pensar que son androides. El caso de Rachel es concluyente, el de Rick permanece constantemente en el terreno de la duda. Parece que se ha conseguido el tan deseado interfaz humano-máquina del que nos hablan proyectos como el de Kurzweil. Parecería como si realmente existiese una identidad ontológica entre entidades biológicas y entidades computacionales. Y como si las cualidades humanas, o muchas de ellas, se hubiesen expandido a las máquinas; es decir, estaríamos en un sentido extendiendo el humanismo. La novela, en la forma de presentar a sus personajes humanos o androides, realiza una crítica o, al menos, nos lleva a reflexionar si ha merecido la pena tal intento de duplicar lo orgánico (tanto lo humano como al resto de los seres vivos no humanos que también son replicados).

Los humanos evidentemente no son felices, destruido su mundo, solo les queda irrealidad y destrucción. Ni tan siquiera pueden saber con certeza

si ellos son humanos. Los *andys* escapan de las colonias porque, paradójicamente, aunque son cuasihumanos, permanecen en un estado de esclavitud. Escapan porque quieren vivir una vida mejor. Rick se pregunta en la
novela, ¿sueñan los androides?, su respuesta es contundente: «Sí, evidentemente, esa es la razón de que a veces asesinen a sus empleadores y huyan
aquí. Desean una vida mejor, sin estar sometidos a la servidumbre»[33]. Los
cuasihumanos son esclavizados, pero al mismo tiempo tienen una identidad ontológica con los humanos; habríamos creado una nueva casta a la
que someter. Los propios humanos, como Rick, sienten empatía con los
androides; llegan a entender cómo se sienten. Rick Deckard ve el cuadro
de Munch, *El grito*, y entiende el estado de ánimo de los robots: «Creo
que es así como debe sentirse un *andy*»[34]. Solo hace falta recordar que el
primer título que dio Munch a su cuadro fue el de desesperación, para
entender lo que piensa Rick sobre la existencia de los androides. Todos
estos sentimientos y sensaciones le llevan a dudar de su propia existencia
y, como no, de su tarea de cazarrecompensas. Al final de la novela, está
convencido de que ha hecho mal al retirar (matar) a los androides. Su sentimiento es ambivalente, siente que ha hecho mal pero que debía hacerlo:
«A veces es mejor hacer algo malo que lo correcto»[35].

Si el primer ejemplo de desesperación son los *andys*, los humanos no están
lejos de la desesperación y son claramente el segundo ejemplo. Por lo pronto,
necesitan un «climatizador del ánimo Penfield» para conseguir alegrarse o
desear algo tan trivial como ver la televisión sin hastío. La ausencia de seres
orgánicos, de animales no humanos, los hace infelices; sin el climatizador
son incapaces de sentir algo hacia sus animales artificiales. En numerosas
ocasiones Rick confiesa la tenencia de estos animales más como forma de
vanagloriarse ante sus vecinos —e incluso pretendiendo engañarles para que
piensen que son orgánicos— que como una relación emocional hacia otro
*ser vivo*. Los humanos se desesperan por encontrar, incluso en el mercado
negro, un animal orgánico con el que mantener una relación emocional. Este
aspecto recorrerá toda la novela desde el inicio hasta el fin.

La desesperación del humano y de los andys se funde con un mundo
que parece irreal. Ya no queda nada de lo *auténticamente orgánico*. Ni
siquiera los aparentes humanos son capaces de generar auténticos estados
de ánimo sin la ayuda del «climatizador del ánimo». Tampoco son capaces de compartir emociones y sentimientos con los demás humanos, la
única forma de compartir experiencias emocionales se da a través de una
caja empática a la que se aferran los merceristas, los seguidores de Mercer.
Los merceristas han constituido un movimiento teológico, el mercerismo.

---

[33] *Ibid.*, posición 2468.
[34] *Ibid.*, posición 1776.
[35] *Ibid.*, posición 3208.

Cuando sujetas las asas de la caja empática eres capaz de compartir todas tus emociones con los demás humanos; de igual modo que sientes el intento de Mercer por revertir la decadencia del mundo.

El final de la novela no deja de ser una muestra más de la desesperación del humano, en este caso de Rick quien tras una experiencia con Wilbur Mercer encuentra un sapo orgánico, o eso cree él. Su sorpresa es mayúscula, los sapos se daban por extinguidos y para colmo eran, junto a los asnos, los animales favoritos de Mercer. Tras una fusión místico-religiosa con Mercer, cree encontrar algo real y con vida, el sapo. Pero la novela de Dick no permite salir de la desesperación a los humanos. La televisión en la voz del «Amigable Buster» anuncia que el mercerismo es una estafa y, para colmo, Rick descubrirá junto a su esposa Iran que el sapo es artificial. Final desalentador para un mundo tan poco humano que podríamos calificar de posthumano.

La novela de Philip K. Dick nos introduce en un mundo verdaderamente posthumano. Es cierto que podríamos pensar que la *posthumanidad* podría ir mejor que como la pinta nuestro escritor, pero no es menos cierto, que el futuro que describe también podría ser posible y, por lo tanto, merece ser objeto de reflexión. Los interrogantes y los dilemas éticos son constantes. Pero hay varios que quisiera destacar: ¿realmente podemos fusionar lo orgánico con lo computacional (artificial) logrando un ser posthumano capaz de desarrollar todas las capacidades emocionales y existenciales del humano?, ¿estos androides orgánicos pueden ser realmente autónomos sin poner en peligro la vida de los humanos o, más bien, deberían estar supeditados a los humanos, en una especie de esclavitud, para garantizar la seguridad de los humanos?[36] El experimento puede resultar tan dañino que siempre me queda la duda de por qué no apostamos por un desarrollo científico y tecnológico que permita, no la fusión orgánico-computacional, sino un desarrollo de los humanos y de todo ser vivo con justicia y equidad.

### 3.2.2.    *Klara y el Sol, Zoe y Despidiendo a Yang*

*Klara y el Sol* es el título del galardonado escritor inglés Kazuo Ishiguro publicado en español en el año 2021[37]. De una manera sencilla, la novela

---

[36] La situación no está tan alejada de nuestra realidad. De hecho, la ONU ha intervenido en el debate sobre los *Lethal Autonomous Robots (LAR's)* o también llamados *killer robots*. Véase al respecto HEYNS, C., Report of The Spcial Rapporteur on Extrajudicial, Summary of Arbitrary Executions, *Human Rights Council*, Twenty-third session, Agenda item 3, Promotion and Protection of all human rights, civil, political, economic, social and cultural rights, including the right to development, United Nations. A/HRC/23/47. General Assembly, 2013.

[37] ISHIGURO, K., *Klara y el Sol*, Barcelona, Anagrama, edición digital, 2021.

de Ishiguro nos introduce en el universo de los robots, de unos robots
tan mejorados que bien podrían ser considerados posthumanos. A diferencia de los *andys* —los androides orgánicos de la novela de Dick—, los
robots como Klara, la protagonista de la obra de Ishiguro, no destacan
por su identidad orgánica sino por su inteligencia emocional que roza o
supera —en algunos momentos de la novela— a la inteligencia de algunos
humanos. Los *andys* no empatizan, ni sienten compasión hacia el resto
de los seres vivos; de hecho, muchos de ellos como los Nexus-6 se con-
vierten en androides asesinos capaces de matar a sus creadores. Buscan
a toda costa escapar de la esclavitud a la que les someten los humanos,
si para ello han de asesinar, lo harán. Por el contrario, Klara es un robot,
una Amiga Artificial (AA Rex), con un corazón bondadoso, incapaz de
hacer daño a los humanos; todo lo contrario, como podemos leer a lo
largo de las páginas de la novela, Klara estará incluso dispuesta a sacrificarse si de esta manera consigue que Josie, la niña de catorce años que
la ha comprado, se recupere de su enfermedad.

El mundo de *Klara y el Sol* es un mundo de castas y de robots, al menos
de dos castas: la del grupo de niños mejorados genéticamente y la de
los no mejorados. Sin describir demasiado este mundo, las pinceladas
de Ishiguro nos introducen en una sociedad polarizada ante el avance
científico y tecnológico. Por un lado, Chrissie, la madre de Josie, parti-
daria del mejoramiento genético, a pesar de que Josie padece una enfermedad debido a tal mejora; por otra, Paul y Helen, el padre de Josie y la
madre de Rick, respectivamente, que no son partidarios de tales mejoras.
Helen y Rick, madre e hijo, son vecinos de Josie y él es su mejor amigo.
La narración vislumbra claramente el enfrentamiento entre los partidarios de las mejoras genéticas y los no partidarios. Hasta tal punto esto es
así que, a lo largo de la ciudad, existen comunidades de personas que han
abandonado su casa, su trabajo, e incluso a su familia, para vivir aislados del desarrollo científico-tecnológico del momento. El padre de Josie
será uno de ellos y forma parte de una de estas comunidades. El resto
de la sociedad, como Josie y su madre, que aceptan los avances vive con
robots amigables y los niños son mayoritariamente mejorados genéticamente. A medida que leemos la novela nos percatamos de la utilidad de
estos robots AA (Amiga/o Artificial). Los niños mejorados no se socializan como los niños tradicionales, no van al colegio, estudian en casa
a través de pantallas. Solo de vez en cuando «fuerzan una reunión» de
los jóvenes para que pongan en práctica sus dotes de socialización. Esas
reuniones suelen tener lugar cuando está próxima la entrada del joven
en la universidad; mientras tanto son los robots los que socializan con
los niños y los jóvenes.

Por lo tanto, en la sociedad descrita por Ishiguro nos topamos con dos
castas de humanos, los mejorados genéticamente y los no mejorados, junto

con ¿una tercera casta? que no sería humana, los robots AA Rex. El trato y las relaciones son diferentes entre ellos: los robots son serviciales hacia quienes los han comprado, los clientes que compran a los robots los tratan como tales, como máquinas a su servicio, los niños mejorados ven como raros a los no mejorados e incluso se puede apreciar la dificultad para que los no mejorados avancen socialmente. Este es el caso de Rick, el vecino y amigo de Josie, un joven talentoso que de manera autodidacta es capaz de aplicar la tecnología a los drones. Para seguir estudiando y acceder a la universidad, solo tiene una opción, ser aceptado en Atlas Brookings, la única universidad que acoge a jóvenes no mejorados. Hasta tal punto es difícil avanzar que Helen, la madre de Rick, confiesa a Chrissie, la madre de Josie, que se arrepiente de no haber mejorado a Rick.

Ishiguro plantea con normalidad y de manera natural la injusticia y la desigualdad que impera en el mundo de Klara. No se ensaña en este punto, pero es evidente que está presente a lo largo de todo el relato.

Josie y los demás jóvenes mejorados son transhumanos, evidentemente, frente al joven humano Rick que no ha sido sometido a ninguna mejora. Pero, por ahora, me centraré en el personaje posthumano, Klara. Es cierto que por ciertas pistas que se nos dan en la novela, Klara no es orgánica. Por ejemplo, su visión no es humana, ve por bloques, así nos dice Klara: «La habitación se había fragmentado en bloques y sus ojos de mirada penetrante se repetían en un bloque tras otro, y en unos bloques miraban a Josie y el Padre y en otros me miraban a mí»[38]. Otro ejemplo significativo es el líquido PEG 9 que Klara sacará de su cabeza para destruir a una máquina Cootings (máquinas responsables de la polución y que ya veremos qué papel juega en la novela). A pesar de no ser orgánica, lo más complejo de su identidad reside en su *mente*. Digo intencionadamente mente porque desde el inicio del relato, Klara parece poseer una mente. Tomando la definición de Braidotti sobre lo que es pensar —«pensar es una manera de relacionarse con el mundo. Funciona como una cámara de resonancia entre una realidad "externa" y las percepciones "internas"»—[39], es evidente que Klara piensa. Al mismo tiempo que piensa posee un flujo de experiencias subjetivas mentales (como dolor, placer, etc.) constituidas por sensaciones y pensamientos interconectados. El autor, Ishiguro, evidentemente, nos hace creer, desde el primer momento que Klara posee una mente; más aún, ¿cómo podría ser Klara la narradora de la novela si no tuviera mente, conciencia y autoconciencia? El robot AA narra todo el relato desde el inicio al fin. Es cierto que su narración en algunos puntos no es exactamente la

---

[38] *Ibid.*, pp. 190-191.
[39] BRAIDOTTI, R., *El conocimiento posthumano*, Barcelona, Gedisa, edición Kindle, 2020, p. 72.

de un narrador humano, así, por ejemplo, cuando mantiene una conversación con otro personaje, cara a cara, no se dirige a él en segunda persona, lo hará en tercera persona, como si la persona con la que dialoga no estuviera presente. Me parece un recurso muy interesante del autor para no hacernos olvidar que la que narra es Klara, un robot AA Rex. Desde el inicio se nos muestra una Klara observadora, inteligente, sensible y dispuesta a aprender.

La mente de Klara no es simple, nos damos cuenta en la manera en que tiene de narrar su relación con el mundo y con los humanos. Un ejemplo de su sofisticación es su relación con Sol. Para Klara, Sol no es una mera estrella de nuestro sistema solar. En la mente de Klara, Sol es una especie de deidad. Sol les aporta los nutrientes para cargarse, para recargar su energía, así lo piensa Klara. Esta idea la extrapola a los humanos. Klara cuenta cómo Mendigo y su perro resucitan gracias a Sol. En la primera parte de la narración, cuando Klara aún no ha sido comprada y está expuesta en el escaparate de la tienda, nos cuenta el episodio de Mendigo y su perro. Desde su posición en el escaparate Klara los observa, los ve diariamente, un día los ve tumbados y sin ningún tipo de movimiento; Klara piensa que han muerto. Al día siguiente descubre que están vivos, la respuesta al enigma es evidente para nuestra AA: «cuando miré el lugar en el que Mendigo y su perro habían muerto, descubrí que no estaban muertos, que un tipo especial de nutriente del Sol los había salvado»[40]. Pudiera ser que Mendigo y su perro nunca hubieran fallecido y que Klara se hubiera confundido al juzgar tal hecho; o tal vez, fuesen otro Mendigo y su perro los que ocuparon ese lugar de la calle. De todos modos, evidentemente, no se resuelve el enigma; Klara es la narradora e Ishiguro lo deja bien claro: en la mente de Klara, Sol es una deidad que puede hacer este tipo de *milagro* o de ayuda. En ningún momento ella habla de deidad, pero su relación con Sol es muy semejante a la que muchos humanos tienen con sus dioses.

Un punto culmen del relato involucra de nuevo a Sol. Josie, ya lo he comentado, está enferma, su mejora genética no resultó tal y como se esperaba. Ante la idea de perder a Josie, Klara solo ve una solución: pedir a Sol que ayude a Josie, tal y como hizo con Mendigo y su perro. Para esta petición se acercará al granero del señor McBain donde ve ponerse a Sol. Klara narra cómo intenta *formar palabras* en su cabeza para hacer su petición a Sol. Su labor es fáustica y como tal hará un pacto con Sol: «Sé lo mucho que el Sol detesta la Polución. Lo mucho que te entristece y enfurece. Bien, pues he visto e identificado la máquina que la produce. Si pudiera de algún modo localizarla y destruirla, acabar con su Polución,

---

[40] ISHIGURO, K., *Klara y el Sol, op. cit.*, p. 41

¿tomarías en consideración, a cambio, ofrecer tu ayuda especial a Josie?»[41]. La máquina que produce la polución es la máquina Cootings —parece que se trata de una máquina de recubrimientos— a la que he hecho referencia. En un viaje a la ciudad, Klara, con ayuda del padre de Josie, intenta cumplir su promesa. Después de destruir una de esas máquinas, se percata de que hay muchas más. Ante la imposibilidad de destruir todas, pactará de nuevo con Sol: Sol debe prestar su ayuda especial a Josie porque estamos ante dos jóvenes, Rick y Josie, que se amarán toda la vida, su amor es genuino: «¿quién se lo merecería más que dos jóvenes que se amarán toda la vida?»[42]. A partir de este pacto y petición, Josie mejorará, recuperará su salud y podrá marcharse a la universidad.

Tras su marcha vendrá la decadencia de Klara, pero Klara lo acepta, sabe que ese es su destino, ha cumplido su fin: ser una buena Amiga Artificial de Josie; más aún, estaba incluso dispuesta a dejar de ser ella para ser Josie, si hubiera hecho falta. Este es otro de los puntos más significativos del relato. Antes de la curación de Josie, su madre, la propia Josie y Klara viajan a la ciudad a visitar al señor Capaldi, un pintor que supuestamente está haciendo un retrato de Josie. Realmente no está haciendo tal cosa, está fabricando una AA como Josie con la intención de que a su muerte suplante ante su madre a la verdadera Josie. Josie desconoce el plan, pero Klara se percata de él. Capaldi y la madre de Josie le preguntan a Klara si estaría dispuesta a ser Josie (trasplantarían su caja negra a la AA idéntica físicamente a Josie). Klara lo acepta. El señor Capaldi intenta disipar todas las dudas de la madre, se puede hacer porque no hay nada intransferible en el interior de las personas: «Nuestra generación todavía arrastra los viejos sentimientos. Una parte de nosotros se niega a abandonarlos. La parte que quiere seguir creyendo que hay algo inasible en el interior de cada uno de nosotros. Algo único, que no puede ser transferido. Pero ahora sabemos que no hay nada de eso»[43]. El gesto altruista y magnánimo de Klara es evidente; de igual modo que es evidente la creencia de que no poseemos nada, ni siquiera nuestra mente, que no se pueda transferir a una AA.

La inteligencia emocional de Klara disiente de la creencia de Capaldi. El final de la novela es aleccionador en este sentido y en muchos otros que me gustaría precisar. Klara razona sobre la posibilidad de *ser otra persona*, de asumir la identidad completa de otra persona y lo ve imposible. Se lo dice a Gerente (la encargada de la tienda donde pasó su etapa vital hasta que la compraron) en el Depósito. El Depósito es un gran almacén en donde se retiran todos los artilugios y robots para que terminen

---

[41] *Ibid.*, p. 170.
[42] *Ibid.*, p. 279-280.
[43] *Ibid.*, p. 214.

sus días, se vayan apagando. En este lugar se reencuentra con Gerente y mantienen una conversación muy interesante. Gerente pregunta a Klara si está satisfecha con su vida con Josie y su familia —le interpela con sentimientos y emociones humanas—, Klara responderá afirmativamente. Al comentar lo que hizo por Josie, le descubre su creencia, no está segura de que hubiera podido trasplantar a Josie, ser idéntica a ella:

> El señor Capaldi consideraba que no había nada especial en el interior de Josie a lo que yo no pudiera dar continuidad. Le dijo a la Madre que lo había buscado con insistencia y nunca había dado con nada parecido. Pero ahora estoy convencida de que estaba buscando en el lugar equivocado. Sí que había algo muy especial, pero no estaba en el interior de Josie. Estaba en el interior de quienes la querían. Por eso ahora creo que el señor Capaldi estaba equivocado y que yo no habría logrado llevar a cabo lo que él pretendía. De modo que me alegro de haber actuado como lo hice[44].

La inteligente Klara introduce una idea central sobre la identidad: no se trata tan solo de «lo que hay en nuestro interior», nuestra identidad es relacional, se construye a lo largo de nuestra vida y en interacción con los otros; hasta tal punto esto es así, que nuestra identidad, lo que nos hace únicos y especiales, no solo está en nosotros, sino en el interior de todos aquellos que nos aman e interactúan con nosotros a lo largo de toda nuestra trayectoria vital. Trasplantar nuestra identidad a una AA no solo sería técnicamente difícil, sino que, aunque pudiéramos hacerlo, siempre nos preguntaríamos por la autenticidad del resultado. Los humanos, a diferencia de Klara, no queremos perder nuestra identidad o que alguien nos la suplante, en terminología de Kierkeggaard, «queremos llegar a ser sí mismos». Klara con su gesto altruista renuncia a su posible *identidad*. Este es el punto menos humano del robot presentado por Ishiguro.

Klara no siente como una pérdida importante la asunción de la identidad de otra persona, para nada, pero si esto es una diferencia crucial con el humano, hay otras igualmente preocupantes. Por un lado, Klara nunca siente que su situación con Josie o su madre sea de semiesclavitud, no tiene sentido de la libertad y, por otro lado, cuando es ninguneada por Josie y su familia —esto ocurre cuando Josie se cura y planea irse a la universidad— o cuando es *retirada al depósito* para que se apague, Klara no se siente decepcionada o triste. La conclusión es evidente, los humanos, en el mundo de Klara, han fabricado robots humanoides para el disfrute y el egoísmo de los propios humanos, con independencia de cómo vivan los Amigos Artificiales. Y he aquí la paradoja, unos amigos artificiales que, por otro lado, parecen sentir, tener emociones y ser capaces de sacrificarse

---

[44] *Ibid.*, p. 308.

por los humanos. ¿Es esto justo? ¿Realmente los robots AA Rex no son en algún sentido agentes morales artificiales?[45] Evidentemente, si Klara es capaz de deliberar y decidir por sí misma, sí la podemos ver como un agente moral artificial. Pero la estaríamos tratando injustamente, porque no la trataríamos como un agente moral de primera. A los agentes morales no se les instrumentaliza, a Klara sí. Estas reflexiones nos deberían hacer ver los peligros de construir robots con el tipo de facultades que posee Klara.

Otro punto interesante para destacar en la caracterización de Klara es el señalado al inicio del epígrafe, a saber, Klara no es un robot asesino, ni en ningún momento muestra algún gesto de maldad, todo lo contrario. Podríamos pensar que Klara tiene un código moral programado y que incluso procesa la información de manera ética y autónoma. Entraríamos en una discusión capital sobre si esto debiera ser tenido en cuenta si creásemos robots *humanoides* y si defendiéramos algún tipo de ética de los robots[46].

Lo curioso del caso es que aun no siendo un *robot malo o perverso*, los humanos sienten miedo hacia Klara y hacia los prototipos de robots como ella. El señor Capaldi, casi al final de la novela, en un encuentro con Klara en casa de Josie y en presencia de Chrissie, la madre de Josie, comenta a Klara la actitud de los humanos hacia los robots AA Rex:

> Se trata de lo siguiente. Klara, el hecho es que en estos momentos hay una creciente y extendida inquietud en relación con los AA. Hay gente que dice que os habéis vuelto demasiado inteligentes. Están asustados porque ya no son capaces de entender lo que sucede en vuestro interior. Ven lo que hacéis. Aceptan que vuestras decisiones y recomendaciones son sensatas y fiables, casi siempre correctas. Pero no les gusta no saber cómo llegáis a ellas. Es de aquí de donde provienen tantos recelos, tantos prejuicios. De modo que tenemos que combatir estas actitudes. Tenemos que decirles: de acuerdo, estáis preocupados porque no entendéis los procesos mentales de los AA. Muy bien, pues vamos a echar un vistazo a lo que hay debajo del caparazón. Vamos a estudiar los mecanismos[47].

Como bien señalaron Adorno y Horkheimer en *Dialéctica de la Ilustración,* el humano siente miedo ante lo desconocido y para refrenar su miedo o hacerlo desaparecer, nada mejor que dominar lo extraño. No hay mejor manera para dominar que instrumentalizar. Si algo no tiene valor en sí mismo, lo podemos instrumentalizar, dominar. Los robots AA,

---

[45] Véase ALLEN, C.; VARNER, G., y ZINSER, J., «Prolegomena to any Future Artificial Moral Agent», *Journal of Experimental & Theoretical Artificial Intelligence*, 12(3), 251-261, 2000.

[46] Véase LIN, P.; ABNEY, K., y BEKEY, G. A. (Eds), *Robot Ethics: The Ethical and Social Implications of Robotics*, Cambridge, MIT Press, 2012.

[47] ISHIGURO, K., *Klara y el Sol, op. cit.,* p. 299.

como Klara, a pesar de mostrar su bondad, su buen juicio moral y su altruismo, no provocan empatía como para ser tratados con dignidad y con derechos. No existe en el mundo de Klara el derecho robótico. Klara cuida a Josie, se entrega totalmente a ella, establecen un vínculo emocional fuerte, pero no tiene derechos. Ante el miedo de los humanos solo cabe dominar a los robots o bien desmontarlos, para descubrir por qué son como son o por qué han llegado a ser como son. Realmente, Capaldi hace esta visita a casa de Josie para poder abrir a Klara y estudiar su mente. Es Chrissie la que tendrá un arrebato de piedad hacia Klara y le impide, al señor Capaldi, hacer tal cosa. La razón que da la madre de Josie refleja bien la indefensión de los robots: «Klara se merece algo mejor. Se merece apagarse poco a poco»[48]. Aunque ese apagarse sea en un viejo depósito de cacharros abandonados. Klara se apagará poco a poco no por una cuestión de justicia, sino gracias a la caridad, a la beneficencia, de la madre de Josie[49].

* * *

Después de analizar la obra de Ishiguro, me gustaría hacer dos recomendaciones cinematográficas que nos introducen en dilemas muy semejantes a los planteados en la obra del escritor inglés en nuestra relación con los robots.

La primera recomendación sería *Zoe* una película de 2018 del director Drake Doremus. Los robots son presentados como humanos sintéticos, pero la perfección de su caracterización humana es tal que ni tan siquiera los sintéticos saben que lo son. La película muestra la injusticia que se comete hacia una humana sintética que llega a enamorarse de su creador y, al mismo tiempo, la soledad en la que viven estos robots. Uno de ellos, sabiéndose sintético, le pregunta a su creador —en un gesto que nos recuerda al monstruo de Frankenstein de Mary Shelley— por qué no le diseña una compañera. Injusticia y soledad siguen siendo las notas dominantes en la vida de estos robots.

La segunda recomendación es una escasa película —digo escasa porque podría haberse tratado con mayor profundidad los temas planteados—, titulada *Despidiendo a Yang* (2021) dirigida por Kogonada y basada en un relato de Alexander Weinstein. Yang es un androide, un *technosapiens*, que como otros muchos convive con los humanos. Son construidos con tanta perfección que apenas se diferencian de los

---

⁴⁸ *Ibid.*, p. 300.

⁴⁹ En numerosas ocasiones la descripción que hace Ishiguro del trato que dan los humanos a los robots me recuerda al trato que reciben los animales no humanos de los humanos. En la mayor parte de nuestras sociedades, los animales no humanos no son agentes morales de primera clase. Se los sigue instrumentalizando y dependen más de la beneficencia humana que de la justicia.

humanos. Yang es comprado por una familia para que eduque en la cultura china a su hija adoptada. Cuando Yang se estropea definitivamente, el intento de *arreglarlo*, abriendo su caja negra, hará ver a sus propietarios la complejidad emocional de su androide. El ejemplo más significativo da mucho que pensar: la caja negra muestra todos los recuerdos y vivencias del androide, y sacando conclusiones de estos recuerdos, su último propietario se dará cuenta de cómo, intencionadamente, Yang buscó y se enamoró de una sobrina nieta de una antigua dueña a la que también amaba. La complejidad de los sentimientos, los recuerdos y las vivencias de este *technosapiens* contrasta con el mercadeo que se hace de él y de los demás androides. La injusticia vuelve a aparecer en nuestro trato con lo posthumano.

### 3.2.3.   *Un amigo para Frank*

Una visión más cercana al mundo de la robótica la encontramos en la película *Un amigo para Frank* (2012) del director estadounidense Jake Schreier. La película nos acerca a uno de los problemas más acuciantes a los que ha de enfrentarse la sociedad occidental: cómo afrontar la soledad que padece gran parte de la población envejecida de nuestras comunidades. El envejecimiento supone un claro deterioro físico y mental de nuestras capacidades. No debería verse como una tragedia, sino como una etapa más de la vida que debe ser afrontada, como cualquier otra, con dignidad y aprecio. Lo que vivimos en las sociedades occidentales es todo lo contrario. El envejecimiento es visto como una enfermedad o un problema y, como tal, se precisa o bien *curarnos de esa enfermedad* o bien *solucionar el problema*. Nadie piensa de este modo cuando estamos en otra etapa de la vida; la infancia o la madurez no son vistas como enfermedades ni como problemas a solucionar. Eso sí, el envejecimiento, como he recordado, trae consigo la pérdida o el debilitamiento de nuestras facultades; por lo tanto, en ocasiones se necesitan cuidados para poder llevar una vida con dignidad. La infancia también requiere muchos cuidados, desde que venimos al mundo hasta la considerada edad adulta, el humano necesita atención y cuidado. Nadie cuestiona este punto ni lo plantea como un problema. En cambio, el cuidado que necesitan nuestras personas mayores sí se plantea como un problema. ¿Quién ha de prestar ese cuidado? Este será el tema de la película *Un amigo para Frank*. Los miembros no envejecidos de la sociedad cada vez más ven a los ancianos como una carga. Es el caso de Hunter, abogado, padre de familia e hijo de Frank. Frank vive solo y padece un deterioro mental cada vez más acusado. Su hijo vive a cinco horas en coche de la vivienda de su padre. Agobiado y preocupado por la situación de su padre, considera que la mejor forma de ocuparse de él, sin que le cause mucho trastorno, es regalarle un robot programado para prestarle cuidado terapéutico. Es cierto que a lo largo de la película podemos ver que Frank se siente más acompañado con el robot que sin él, e incluso está programado para hacer que Frank mejore cognitivamente obligándolo a rutinas como el cuidado del jardín. Al principio, Frank renegará del robot, pero descubre un rasgo significativo del artefacto que le hace cambiar de opinión: el robot no juzga moralmente y no determina si una acción es buena o mala desde el punto de vista moral. Este robot —a diferencia del robot de la novela *Klara y el Sol*— no tendría un código moral implantado, ni delibera éticamente de manera autónoma. La ética de este tipo de robots se limitaría a cumplir correctamente con su tarea de cuidado para el que ha sido programado. No puede deliberar ni tomar decisiones morales, ¿es este tipo de cuidado el que necesita una persona con deterioro cognitivo? La película plantea el dilema e intenta hacer ver al espectador la insuficiencia de un cuidado de este tipo. La narración fílmica muestra esta insuficiencia de una manera muy ingeniosa. Frank es un antiguo ladrón de joyas y al percatarse de la amoralidad del robot, le enseñará a abrir cerraduras y a cometer varios robos en la localidad. La paradoja no puede ser más irónica: el anciano con demencia senil velará por que su cuidador artificial sea un buen ladrón. La policía inicia sus pesquisas y, evidentemente, ante el pasado de Frank, las sospechas recaen sobre él. La única forma que tiene Frank de librarse de ser atrapado pasa por borrar la memoria holográfica de su amigo artificial. En este punto de la trama, se nos muestra un aspecto crucial de nuestra relación con los robots: los humanos somos capaces de establecer vínculos emocionales con nuestros amigos artificiales. De hecho, será el robot quien tenga que convencer a Frank para que borre su memoria holográfica, algo así como los recuerdos del robot. Frank no está por la labor. Incluso cuando la demencia ha empezado a dar sus pasos, Frank se resiste a *apagar* a un amigo, aunque este sea artificial; más aún, se resiste a borrarle sus *recuerdos* y, de alguna manera, se resiste a anular su *identidad*. Los recuerdos, nuestra memoria, configuran gran parte de nuestra identidad, los humanos lo sabemos, pero no parece que los robots tengan que conocer su importancia.

A la hora de desarrollar la robótica tenemos que dejar muy claro qué tipo de robots queremos potenciar. Es decir, no es lo mismo diseñar un robot como un artefacto mecanizado preparado, tan solo, para hacer tareas rutinarias, que fabricar un robot programado con algún tipo de código moral, que sea capaz de procesar éticamente la información que recibe, que delibere autónomamente y pueda tomar decisiones. A la primera categoría de robots sabemos cómo tratarlos y categorizarlos, pero ¿cómo tratar a la segunda categoría?, ¿cómo humanos? Realmente no lo son, ¿son posthumanos? ¿Por qué nos fascina que los robots dejen de ser robots? ¿Por qué humanizarlos si buscamos un transhumanismo radical o posthumanismo? ¿No sería más coherente que los robots se diferenciaran claramente de los humanos? ¿No es una hipocresía, o un cinismo, intentar construir robots que extiendan lo humano, como si fuésemos unos defensores del humanismo, en contra de quienes ven estos proyectos como el fin del humanismo?

Existe un vacío ético y legal sobre muchos de estos temas e interrogantes y, como la historia de la humanidad nos ha mostrado, o bien cometeremos muchas injusticias en nuestro trato con los posthumanos, o bien, los posthumanos llegarán a ser tan inteligentes que se rebelarán y se impondrán al humano.

El debate está abierto y los primeros que deben plantearse estos dilemas son los ingenieros especializados en robótica; ellos deben dirimir estas cuestiones dentro de su ética profesional[50]. No vale el antiguo lema «si se puede hacer, se hará» que ha dado tan malos resultados en el desarrollo científico-técnico. Ningún científico o ingeniero es neutral desde el punto de vista valorativo[51]. Cuando se trabaja en una línea de acción ya se están asumiendo determinados valores, se está priorizando una idea de bien frente a otras ideas de bien. Si esto es así para los científicos, más aún para los ingenieros y tecnólogos que trabajan con un claro «para qué», con una racionalidad medios-fines, con unos intereses y, en definitiva, donde el contexto de descubrimiento es inseparable del contexto de justificación.

Si pudiéramos hablar de un concepto clave para los próximos años este sería el de roboética. Las instituciones políticas europeas lo ven como un reto para nuestra sociedad, de hecho, han puesto en marcha iniciativas sobre esta temática:

> En relación a Europa, el sexto Programa marco de la Comisión Europea, dentro del Programa Ciencia y sociedad (Science and Society work Programme) el Proyecto ETHICBOTS para promover y coordinar un grupo de expertos de carácter multidisciplinar (investigadores de IA, robótica, ética, filosofía, psicología) para que analizaran los problemas técnicos y éticos relacionados con la integración de seres humanos y robots. Otro proyecto ha sido el RockEU, también financiado por la UE y continuador del anterior ETHICBOTS, por el que la mayoría de la industria robótica pretende conseguir —entre otros objetivos— una Declaración

---

[50] Véase VERUGIO, G., y ABNEY, K., «Roboethics: The Applied Ethics for a New Science», en LIN, P., et al. (Eds.), Robot Ethics: The Ethical and Social Implications of Robotics, op. cit., p. 114.

[51] Como he comentado en páginas anteriores, la idea de la neutralidad valorativa de la ciencia fue heredada del Positivismo Lógico y del Círculo de Viena. Esta concepción de la ciencia la denominó en el año 1993 Kitcher «la Leyenda». Véase KITCHER, P., El avance de la ciencia: ciencia sin leyenda, objetividad sin ilusiones, México, UNAM, 2001.

Universal relacionada con la Roboética. En este sentido, los trabajos del Grupo Europeo de Ética de la Ciencia y de las NuevasTecnologías (*European Group on Ethics in Science and New Technologies*) han tenido especial relevancia en orden a inspirar el marco normativo que, desde la Unión Europea, se han venido configurando en los dos últimos años y han servido de apoyo a algunas de las iniciativas que desde las instituciones europeas —Parlamento y Comisión Europea— se están llevando a cabo —y a las que aludiremos más adelante—. Este Grupo Europeo presentó a comienzos de marzo de 2018 su documento «Declaración sobre la Inteligencia Artificial, la robótica y los sistemas autónomos» (*Statement on Artificial Intelligence, Robotics and 'Autonomous' Systems*), que recoge los principios éticos aplicables a estas tecnologías[52].

El grupo de trabajo europeo ante los avances en robótica e inteligencia artificial considera oportuno plantearse una serie de dilemas[53]: ¿Cómo hacer que un mundo de robótica e IA sea seguro?, ¿cómo debemos abordar el tema de la responsabilidad ante las decisiones y las acciones que pueden adoptar los robots autónomos?, ¿se trataría de una responsabilidad compartida con los humanos?, ¿a qué valores sirven estos sistemas robóticos?, etc. El grupo de trabajo en el Parlamento Europeo fija unos principios éticos y políticos para regular la futura legislación sobre el tema que pasa por la inviolabilidad de la dignidad humana, la contribución de la robótica y la IA a la justicia global, el igualitario acceso a los avances en materia de robótica e IA, debate democrático sobre el tema, etc.

Lo más importante es que estas reflexiones en el seno del Parlamento Europeo no permanezcan en los cajones olvidados por la burocracia. Necesitamos políticas responsables activas y, por supuesto, normativa vinculante para todos los países de la UE. Está por ver, evidentemente, las legislaciones fuera de la UE. En Estados Unidos existe el National Science and Technology Council Committee on Technology (NSTC). Este organismo es el encargado de supervisar, sobremanera en la industria, los avances y propuestas de la robótica y de la IA. Así mismo, promueve el debate y la participación pública sobre estos temas.

Lo que es evidente es la necesidad urgente de regular un campo cada vez más influyente en nuestras vidas. Lo peor que podemos hacer es no potenciar la regulación, las reflexiones éticas y políticas deben adelantarse a la implantación de ciertos avances en robótica e IA.

En este tema, como en otros muchos de la nueva tecnología, se han de tener muy en cuenta los principios de la bioética. Siempre he defendido, en anteriores trabajos, que los diferentes métodos de la bioética (principialismo, causismo y bioética narrativa) deben ser constelados para llegar

---

[52] Belloso Martín, N., «La necesaria presencia de la ética en la robótica: la roboética y su incidencia en los Derechos Humanos», *Cadernos Do Programa de Pos-gradaçao em Direito*, V. XIII, n.º 2, Porto Alegre, 2018, pp. 105-106.

[53] Para una exposición más detallada véase *ibid.*, pp. 106-110.

a la más justa solución posible ante los dilemas éticos que nos plantean, pongamos por caso, los nuevos avances científico-tecnológicos. La autonomía, el principio de beneficencia, no maleficencia o justicia son capitales a la hora de regular los aspectos problemáticos de la robótica. Eso sí, es preciso dejar bien claro qué idea de bien para todos por igual, es decir, qué idea de justicia aplicamos a la regulación de estos temas. No es para nada lo mismo regular y legislar teniendo en cuenta un mero principio utilitarista de justicia que un concepto de justicia ligado a una ética del cuidado, a la concepción kantiana o a la teoría de las capacidades de Martha Nussbaum.

Para terminar, ejemplificaré este punto siguiendo con la trama de *Un amigo para Frank*. Me detendré en el tema de la justicia. Todos consideramos que sería justo, es decir, un bien para todos por igual, que, ante la disminución de las capacidades de una persona mayor como Frank, se le diera una ayuda. ¿Es realmente buena la ayuda que recibe Frank?, ¿se le trata justamente? A primera vista, su hijo pretende ser justo, ocuparse de él, pero como su tiempo es limitado piensa en un robot para que le suplante, el amigo artificial ejercerá la ayuda que Henry, el hijo de Frank, no puede prestarle. Frank es una persona mayor que ha perdido ciertas facultades físicas, pero este punto no es el alarmante, ha perdido y sigue perdiendo capacidades cognitivas, esto es más dañino. Padece, cuanto menos, demencia senil o un inicio de Alzheimer. El robot le hace compañía y le ayuda en las labores domésticas, pero ¿sabe ocuparse de los déficits cognitivos de Frank?, ¿sabe reaccionar ante ellos? Se nos dice que el pasado de Frank ha estado ligado al robo, a un acto delictivo, ¿es justo y éticamente aceptable dejar solo al robot para que cuide de una persona de tales características? Por el desarrollo discursivo de la película, vemos que la respuesta es negativa. Frank ha perdido parte de su autonomía, con su deterioro mental no es una persona realmente autónoma; podríamos pensar que ni tan siquiera es capaz de determinar con claridad cuál es su actual idea de vida buena. Tampoco el robot está programado para tomar decisiones ligadas al bien, al mal, lo justo o lo injusto; por lo tanto, ¿quién es el responsable de las acciones que cometen Frank y su robot —por ejemplo, los dos robos que realizan—? ¿Es responsable Frank, una persona con deterioro cognitivo, es responsable un robot sin código moral?, ¿o más bien es responsable Henry, quien regala el robot a su padre sin medir las consecuencias y sin valorar adecuadamente las capacidades de su progenitor? Henry no ha actuado con justicia. Una justicia ligada al desarrollo de las capacidades se hubiese percatado de las auténticas carencias de Frank y vería que incluso con el robot, Frank necesita una persona a su lado. Una persona que cuide de Frank, en aspectos que el robot no puede, como, por ejemplo, para evitar que cometa delitos, y una persona que supervise al propio robot.

El regalo de Henry no es justo porque no tiene en cuenta el desarrollo de las capacidades de Frank, no tiene en cuenta su pérdida de autonomía, su olvido de su idea de bien y, tampoco es justo, porque le genera un daño moral, a saber, Frank volverá a delinquir y, esta vez, con la ayuda de su amigo artificial.

Al final de la película aparece un elemento regulador de la acción moral, la hija de Frank, Madison. Madison ha estado fuera en un viaje filantrópico a Turkmenistán. Cuando vuelve a casa intenta convencer a su padre para que se deshaga del robot. Lo ve como algo cuestionable desde el punto de vista ético. Al principio no consigue su objetivo, pero tras las sospechas de los robos y la situación cada vez más precaria del padre, finalmente se envía a Frank a un centro donde pueda recibir la ayuda que necesita.

Insisto en un punto que ya he señalado a lo largo de esta obra, la mejor manera de afrontar el mundo tecnológico que se nos avecina es regular ética y políticamente —evidentemente con determinados principios como los expuestos con anterioridad— el uso de las nuevas tecnologías.

### 3.2.4. MÁS QUE HUMANO

He dejado para el último apartado de este capítulo el análisis de una de las novelas más extrañas y difíciles de desentrañar de la ciencia ficción, me refiero a la novela de Theodore Sturgeon *Más que humano* publicada en 1953[54].

Hasta ahora estoy analizando la posibilidad de alcanzar a un *ser posthumano* de naturaleza robótica o bien híbrida, es decir, un androide orgánico. Pero ¿sería posible hablar de un posthumano totalmente orgánico, es decir, de un humano sin ninguna interfaz tecnológica, que vaya más allá de lo humano? Esto es lo que nos plantea la novela de Sturgeon.

La novela se divide en tres partes, la primera titulada *El idiota fabuloso*, la segunda *El bebé tiene tres años* y la tercera *Moral*. Cada parte nos adentra en un mundo de personas con diversidades funcionales que los hace diferentes e incomprendidos. No encajan en ninguna parte de la sociedad. *El idiota fabuloso* es Lone, un hombre apartado del mundo:

> El idiota era sólo un animal, un ser inferior, que no podía vivir entre los hombres. Pero casi siempre era un animal que huía de los hombres. Se movía como un animal en el bosque, con la gracia de un animal. Mataba, como un animal, sin alegría y sin odio. Comía, como un animal, cualquier cosa comestible, y comía

---

[54] STURGEON, T., *Más que humano*, epub libre, edición digital, traducción de José Valdivieso.

(cuando podía) sólo lo suficiente y nunca más. Dormía como un animal, bien y ligeramente, de un modo opuesto al hombre, pues un hombre que va a dormirse busca refugio en el sueño, mientras que un animal duerme preparado para escapar. Tenía la madurez de un animal para quien el juego de los cachorros carece ya de sentido. No conocía el humor ni la alegría. Su espectro sólo abarcaba dos franjas: el terror y la satisfacción. Tenía veinticinco años[55].

La peculiaridad del idiota tiene que ver con un sentir, el idiota siente, en determinadas ocasiones, un *llamado*. Esos llamados le cambiarán la vida. El llamado es descrito como una especie de deseo, de ruego, «un río de dulzura y necesidad». Lone, «un hombre inferior, pero un hombre», no sabe hablar y, sin embargo, siente estos llamados y debe responder a ellos. El primero de ellos lo siente hacia Evelyn. Evelyn es la hija del señor Kew, un fundamentalista que educa a sus hijas en el *bien*, las aparta de todo lo que el mundo puede ofrecernos, incluido el amor, todo ello lo considera un mal. Evelyn es la hija menor del señor Kew, su hermana mayor Alicia también vive con ellos aislados en el bosque. El idiota y Evelyn sienten un llamado, se encuentran en el estanque se tocan, se abrazan. La tragedia está en el aire. El señor Kew los descubre, pega a Lone y a su hija, Lone escapa, Evelyn queda herida y su padre se suicida. Evelyn queda malherida y antes de morir hace una pregunta clave a Alicia:

> —¿Cómo se llama —dijo Evelyn— cuando una persona necesita a otra persona... cuando deseas que te toquen y... las dos forman como un solo ser y no hay nada más en el mundo?
> Alicia, que había leído algunos libros, meditó unos instantes.
> —Amor —dijo al fin—. Es una enfermedad, es una cosa mala.
> El rostro tranquilo de Evelyn se iluminó con una especie de sabiduría.
> —No es una cosa mala —dijo—. Yo la sentí[56].

Por primera vez se viene abajo la imagen del idiota, el idiota siente en ese llamado *el amor*; Evelyn también lo corrobora antes de morir. Empieza a mostrarse la tremenda soledad en la que vive Lone: un ser diferente, incomprendido y aislado por el mundo; tan solo parece ser *amado* y reconocido por los inocentes como Evelyn. En varias ocasiones de su vida, Lone sentirá ese llamado. Otra de esas ocasiones es tras la muerte de Evelyn; Lone escapa y huye malherido. El señor Prodd lo encuentra en el bosque, se lo lleva a casa donde él y su mujer lo curarán. Lone no articula palabra, piensan que es un débil mental. Ante el cuidado de la señora Prodd, Lone vuelve a sentir el llamado. Vemos que el llamado que siente Lone está muy relacionado con lo que denominamos un sentimiento de

---

[55]  *Ibid.*, p. 8.
[56]  *Ibid.*, p. 29.

amor y empatía. Lone pasará 8 años con el matrimonio Prodd, les ayuda en el campo y llegará a articular algunas palabras. Después de pasar ese periodo con los Prodd, Lone ha de marcharse. Vuelve a mostrarse la injusticia del mundo contra alguien que no es exactamente un prototipo de humano: los Prodd van a tener un hijo y piden a Lone que abandone su casa. La manera que lo expresa Lone es aterradora: se percata de que siempre ha estado solo, porque el tiempo en que la señora Prodd parecía cuidar de él, no era realmente un tiempo dedicado a él, era realmente un tiempo dedicado al cuidado de su futuro hijo[57].

Tras su destierro de la casa de los Prodd, Lone se dirige al bosque y vuelve a tener otro llamado. Este otro llamado también es deseo, desamparo y necesidad. Sigue al llamado y encuentra a Janie, una niña de unos seis años. Esta niña será otro de esos humanos excepcionales, es una niña extraña, incomprendida y repudiada por su propia madre. Posee otro poder, no siente el llamado, pero es capaz de practicar la telekinesia. Ante el rechazo que sienten los humanos hacia ella, abandona su hogar en compañía de otros dos seres posthumanos, las mellizas, Beanie y Bonnie, dos niñas de color de no más de dos años. Son vecinas de Janie e igualmente extrañas, emiten sonidos y gruñidos, siendo capaces de usar la telepatía. Juntas se instalarán en un caserón abandonado «en lo alto de una loma y en medio de un bosque muy espeso»[58]. Hasta este lugar acude Lone en su tercer llamado, conoce a las niñas y permanecerá con ellas. A estas cuatro figuras *posthumanas* habrá que añadir al bebé de los Prodd. Cuando Lone va a casa de los Prodd a devolverles un hacha, la situación que encuentra es desoladora. La señora Prodd ha muerto, el señor Prodd se ha vuelto loco y no quiere al bebé. El bebé está enfermo, con algún tipo de retraso mental. Ante esta situación, Lone se lleva a vivir con él —y con el resto de las niñas— al bebé. Los cinco son humanos diferentes, con capacidades diversas y en ocasiones poco usuales. A las capacidades de Lone y de las tres niñas hay que añadir la función del bebé. Tal y como lo expresa Janie, el bebé es una especie de computador:

> —[…] Es como una máquina de calcular.
> —¿Qué es una máquina de calcular?
> Janie exageró los gestos de infinita paciencia de su maestra.
> —Es un aparato en el que se aprietan unos botones y sale la solución […]
> —[…]
> — Eres un poco estúpido, ¿sabes, Lone? ¿Cuántas veces tengo que repetirte las cosas? Escúchame; si quieres saber algo, me lo dices, y yo se lo digo al bebé, y él

---

[57] *Ibid.*, p. 83.
[58] *Ibid.*, p. 79.

encontrará la respuesta y se lo dirá a las mellizas, y ellas me lo dirán a mí y yo te lo diré a ti. Bien, ¿qué quieres saber?[59].

De esta forma, estas cinco criaturas extraordinarias configuran un nuevo humano, van más allá de lo humano, en palabras de Sturgeon son *más que humano*. Tienen una identidad diferente al resto de los mortales, pero lo más ingenioso de la propuesta ficticia de Sturgeon tiene que ver con el trabajo en conjunto. Con lo que en la segunda parte de la novela se denomina una *forma de vida Gestalt*, donde el todo es mayor que la suma de las partes. Al final de la primera parte, Lone se preguntará ¿quién es?, ¿cuál es su identidad? La respuesta se la da claramente el bebé a través de Janie: él, el bebé, es un cerebro computador, Janie es el cuerpo, las mellizas —Beanie y Bonnie— son los brazos y las piernas y Lone es la cabeza. El bebé dice que «"yo" somos todos nosotros».

Los cinco seres humanos configuran un ser posthumano con unas capacidades especiales. Estaríamos ante la creación de un posthumano orgánico, resultado de la evolución humana, lo que se denomina en la novela un «Homo Gestaltiensis». Este posthumano se caracteriza por lo que Janie denomina *coengranar*; todos ellos *coengranaban*, formaban un solo ser.

Los avatares del nuevo Homo no acaban aquí. En la segunda parte, *El bebé tiene tres años*, Lone acabará muriendo por aplastamiento de un árbol y se incorporará al nuevo organismo Gerry. Se trata de un joven huérfano escapado del asilo y con tintes de psicópata que tiene la capacidad de meterse en las mentes de las personas. A la muerte de Lone, Janie, las mellizas, el bebé y Gerry siguen el consejo de Lone y se van a ver a Alicia, la hermana de Evelyn. Alicia ha entrado en la treintena de la vida y accede a que se queden a vivir con ella. La personalidad amoral de Gerry acaba asesinando a Alicia. Para Gerry era cuestión de supervivencia: cuando vivían con Alicia, no *coengranaban*, el ser que era uno se hizo pedazos, la mató para reconstruir el lazo que los unía. Gerry acaba visitando a un psiquiatra, la visita al médico introduce un nuevo componente: algo le falta al nuevo organismo, al posthumano, algo llamado moral.

De este modo comienza la tercera parte titulada *Moral*. Aparece un nuevo personaje llamado Hip, un antiguo miembro de las Fuerzas Aéreas. Descubrió en una vieja granja un generador desmagnetizante, la antigravitación. Es un invento que realizó Lone hacía años en la Granja de los Prodd. Janie y Gerry saben que este artilugio puede cambiar el mundo para bien o para mal. Ante el temor que siente por Hip, por lo que pueda hacer con su descubrimiento, Gerry intenta volverlo loco, encerrándolo

---

[59] *Ibid.*, pp. 100-101.

en un psiquiátrico. Será Janie quien lo salve. Cuando Janie explica a Hip lo que son, le comenta también lo que les falta:

> —Escuche —dijo Janie apasionadamente—. No somos un grupo de monstruos. Somos el *Homo Gestalt*, ¿me entiende? Somos una entidad única, una nueva especie de ser humano. No fuimos inventados. Somos producto de la evolución. Somos una nueva etapa. Estamos solos. No hay seres como nosotros. No vivimos en el mundo en que ustedes viven, no tenemos códigos de moral ni sistemas de ética. ¡Vivimos en una isla desierta, en compañía de cabras![60].

Janie quiere completar al *Homo Gestalt*, que deje de vivir en soledad, que tenga una moral y una ética[61]. Para eso tienen que conseguir que Gerry comience por sentir vergüenza, un sentimiento que nunca había tenido. Hip lo conseguirá, conseguirá que Gerry sienta vergüenza y que funcione con un ethos. Para que todo *coengrane* con perfección, Janie le pide a Hip que se quede, él será la conciencia del nuevo Homo. Tras su aceptación el proceso se ha completado. Y más aún cuando el nuevo Homo entra en comunión con toda la humanidad.

El ser posthumano de esta obra de ficción es totalmente orgánico, es un paso más en la historia de la evolución. Esa es la pretensión de Sturgeon en su novela. Pensar que podemos evolucionar de forma psíquica, que toda la humanidad podría evolucionar psíquicamente y llegar a formar un *Homo Gestalt*, y actuar como un único ser donde el todo es superior a la suma de las partes. No deja de ser la propuesta del escritor estadounidense un proyecto esperanzador y utópico: pensar que podemos evolucionar hacia un ser que abarque sin rechazo todas las diversidades funcionales y que con ello consiga más fuerza y armonía dentro del mundo. Una evolución psíquica que nos una, que pula diferencias, esa es la propuesta de esta novela tan extraña como profunda.

El posthumano orgánico no pretende adelantarse a la evolución natural, el posthumano híbrido —que proponen numerosos proyectos transhumanistas radicales—, un posthumano mitad orgánico, mitad computador, sí pretende adelantarse a la evolución. Lo que realmente hay que preguntarse es por el precio que tendremos que pagar por tantas prisas.

---

[60] *Ibid.*, pp. 304-305.
[61] *Ibid.*, p. 317.

# CAPÍTULO IV

# TRANSHUMANISMO CRÍTICO O CULTURAL

## 4.1. EL TRANSHUMANISMO COMO ALIADO DE LA JUSTICIA

Desde el comienzo de esta obra he querido mostrar mi desacuerdo con los posicionamientos extremos, en el tema transhumano, tanto de los llamados bioconservadores como de los bioprogresistas. Con este objetivo en mente, he considerado oportuno establecer claras distinciones metodológicas que considero necesario recapitular a estas alturas del relato. Lo primero, el transhumanismo sin más no es sinónimo de posthumanismo y, en segundo lugar, dentro del transhumanismo tenemos que hacer distinciones. He clasificado el transhumanismo en tres tipos: transhumanismo tecnocientífico, transhumanismo tecnocientífico radical y transhumanismo crítico o cultural —de ahora en adelante denominaré a este último, para simplificar, *transhumanismo crítico*—.

El primero de ellos, incluidos sus proyectos de mejora positiva, no puede ser rechazado sin más por un miedo atávico a perder una supuesta identidad esencial del ser humano. Lo importante es examinar proyecto a proyecto para ver cuáles de estos cumplen ciertos requisitos ligados a una determinada idea de justicia donde la redistribución de los bienes y recursos, la representación política y el reconocimiento —y por ende la identidad existencial— ocupen un lugar central. Estos proyectos deben velar porque se consiga un mundo más justo en esos tres parámetros. Pero no solo un mundo más justo para los humanos del presente, sino, igualmente, para las generaciones futuras y para todos los seres vivos, orgánicos o híbridos, que no sean humanos. Es necesario insistir en el debate ético y político sobre las consecuencias de estos proyectos; es preciso examinar futuribles y contrafácticos y si, para alcanzar este objetivo, necesitamos la ayuda de narraciones literarias o cinematográficas, bienvenidas sean.

El transhumanismo tecnocientífico radical, como he intentado mostrar en el tercer capítulo, propone una serie de proyectos, como el del filósofo e ingeniero Kurzweil, que difícilmente superan la prueba de la justicia y de la identidad existencial que propuse como ideal regulativo. A este tipo de transhumanismo es al que denomino posthumano. Por último, en este capítulo pretendo mostrar las bazas a su favor con las que cuenta el transhumanismo crítico. Un modelo transhumanista que podría alcanzar los criterios establecidos por mi ideal regulativo. Es decir, este tipo de transhumanismo sí es un aliado del modelo de justicia del que vengo hablando a lo largo de los anteriores capítulos. Veamos el caso.

## 4.2.   ANTECEDENTES DEL TRANSHUMANISMO CRÍTICO

El transhumanismo crítico, tal y como pretendo mostrar, tiene como objetivo primordial mostrar las grietas y fisuras de nuestro mundo sociopolítico para transformarlo en un mundo donde un modelo de justicia, como el que he expuesto a lo largo de esta obra, se imponga. ¿Por qué es tan importante un desafío transhumanista de estas características? Esencialmente para evitar el colapso de nuestra civilización —aunque suene muy apocalíptico considero necesario hacer esta afirmación—. Siguiendo a la filósofa Marta Tafalla para evitar tal colapso deberíamos ser capaces, entre otras metas, de «salir de la burbuja antropocéntrica»[1]: «No, la especie humana no es un virus. Pero el antropocentrismo, el androcentrismo, el capitalismo y el colonialismo sí lo son. Nos hacen enfermar a nosotros, hacen enfermar a las demás especies, hacen enfermar a la bioesfera. La buena noticia es que podemos liberarnos de esas ideologías destructivas y autodestructivas, podemos salir de la burbuja antropocéntrica»[2].

El decrecimiento ordenado y sensato es, como muestra la filósofa Tafalla, una de las formas de esquivar la burbuja antropocéntrica y de evitar el colapso de nuestra civilización. Como afirma el investigador del CSIC Antonio Turiel, el colapso es reversible si dejamos de empecinarnos en una idea que puede llevarnos al fin de nuestra civilización, a saber, querer un crecimiento infinito en un planeta con recursos finitos[3]. Analizaré más adelante estas y otras propuestas, pero es importante subrayar cómo todas estas «ideologías destructivas y autodestructivas», que parecen conducirnos a un colapso cada vez más cercano, son hijas

---

[1]   TAFALLA, M., *Filosofía ante la crisis ecológica*, Madrid, Plaza y Valdés, 2022, pp. 17-61.

[2]   *Ibid.*, p. 61.

[3]   TURIEL, A., BORDERA, J., *El otoño de la civilización*, Madrid, CTXT, 2022.

del humanismo heredado de nuestra Ilustración y modernidad. Si esto es así, no es de extrañar que pensadores críticos del siglo xx y del actual siglo xxi vean con buenos ojos deconstruir ese humanismo y construir un proyecto transhumano. A este proyecto me refiero cuando hablo de transhumanismo crítico.

Todos los siglos han sido convulsos y en todos se han vivido atroces acontecimientos que han provocado la aniquilación de millones de seres vivos. Esta certeza no nos debe impedir reflexionar sobre los desastres más cercanos a nuestra generación, me refiero en concreto a uno de los acontecimientos más cruentos del siglo xx, la segunda Guerra Mundial. Podríamos pensar que la Gran Guerra también podría ser tomada como ejemplo, pero es precisamente en la segunda de las guerras mundiales que va a cuestionar por primera vez, desde muchos ámbitos del pensamiento, incluido el filosófico, los pilares del humanismo ilustrado-moderno.

Al comienzo del capítulo primero de esta obra, en el apartado sobre progreso y justicia, mencioné como trabajo central la obra de Adorno y Horkheimer *Dialéctica de la Ilustración*[4]. Ahondaré en un punto que me interesa para este capítulo: se puede hacer una lectura del escrito de los pensadores frankfurtianos analizándolo como un claro antecedente de transhumanismo crítico, tal y como lo he definido.

Tanto en este escrito conjunto como en las obras adornianas *Minima moralia* y *Dialéctica negativa*, los autores pretenden señalar, mostrar y denunciar todo aquello que el pensamiento occidental ha hecho mal. La tradición judeocristiana, de la que es heredero, conduce a Adorno a formular la siguiente pregunta: ¿cuál es el origen de nuestra culpa? La respuesta para los pensadores es obvia: la dialéctica que ha seguido nuestra Ilustración y, por ende, nuestra modernidad nos ha conducido a un mundo de dominio e instrumentalización del humano y de todo lo vivo en general como no se había conocido con anterioridad. El ejemplo más cruento es la planificación de la muerte de millones de personas en los campos de concentración situados en la cuna de la civilización occidental. Los autores descubren en el prólogo de las ediciones de 1944 y 1947 que lo que se habían propuesto «era nada menos que comprender por qué la humanidad, en lugar de entrar en un estado verdaderamente humano, se hunde en un nuevo género de barbarie»[5]. A lo largo de su trabajo intentarán mostrar cómo desde su nacimiento, la Ilustración se impone y se expande cargada de contradicciones y paradojas.

---

[4] ADORNO, T. W., y HORKHEIMER, M., *Dialéctica de la Ilustración, op. cit.*
[5] *Ibid.*, p. 51.

Un ejemplo evidente de estas contradicciones se da en su relación con gran parte del género humano y con la naturaleza en general. La razón ilustrada pretendía liberar a la humanidad, sacarla de su minoría de edad; aunque realmente su verdadera pretensión era otra: sacar a una pequeña parte de la humanidad de la oscuridad para seguir dominando a la mayor parte de esta. Identificando esta gran parte con *lo otro* o con *lo desconocido*. Exactamente lo mismo ha ocurrido con la naturaleza: no hay idilio con lo natural ni reconexión posible con lo que nos provoca angustia y miedo. La naturaleza en general y los animales no humanos, en particular, son los otros desconocidos y pueblan nuestros imaginarios con miedos atávicos.

Desde este planteamiento, buscando el origen de nuestra culpa, los autores pretenden analizar el desarrollo de un humanismo ilustrado que nos ha conducido a una nueva barbarie. La estructura de *Dialéctica de la Ilustración* no es la típica de una obra filosófica. Esto no es novedoso. Autores anteriores como Kierkegaard o Nietzsche también escribieron sus trabajos sin seguir la ortodoxia académica. Cabe recordar que la obra de los frankfurtianos se publicó por primera vez en 1944 bajo el título *Fragmentos filosóficos*. Tal vez este primer título sea aclaratorio para entender la estructura nada convencional de la obra. Esta se compone de dos *Excursus*, más tres a modo de capítulos y un último apartado titulado *Apuntes y esbozos* donde caben parágrafos y epígrafes muy explicativos de la lógica de esta primera generación de la escuela de Frankfurt.

La tesis que voy a defender es precisamente que Adorno y Horkheimer en esta obra —Adorno en otras de su obras posteriores— preconizan la primera crítica de la modernidad del siglo XX al humanismo ilustrado. Por ende, propondrán, con su pensamiento negativo, un tipo de transhumanismo crítico. Eso sí, este transhumanismo crítico no pretende sin más destruir todo lo que hemos heredado de la Ilustración y de la modernidad; lo paradójico, es que es necesario ser contrailustrados y transhumanos para poder alcanzar los verdaderos ideales de nuestra modernidad. En palabras de nuestros autores:

> La aporía ante la que nos encontramos en nuestro trabajo se reveló así como el primer objeto que debíamos analizar: la autodestrucción de la Ilustración. *No albergamos la menor duda —y esta es nuestra petitio principii— de que la libertad en la sociedad es inseparable del pensamiento ilustrado.* Pero creemos haber descubierto con igual claridad que el concepto de este mismo pensamiento, no menos que las formas históricas concretas y las instituciones sociales en que se halla inmerso, contiene ya el germen de esa regresión que hoy se verifica por doquier. *Si la Ilustración no asume en sí misma la reflexión sobre este momento regresivo, firma su propia condena*[6].

---

[6]  *Ibid.*, p. 53. Cursiva añadida por la autora.

Para apuntalar esta tesis que defiendo me detendré en tres epígrafes de *Apuntes y esbozos,* los que llevan por título «*Le prix du progrès*», «Contradicciones» y «Hombre y animal»[7].

El primero de ellos, «*Le prix du progrès*», hace referencia a una carta del fisiólogo francés Pierre Flourens. En esta misiva Flourens confiesa a su destinatario su incapacidad para aprobar el uso de cloroformo como narcótico para la realización de operaciones médicas. Lo más curioso son las explicaciones del propio Flourens para justificar su no aprobación del uso de tal narcótico. Según relata el fisiólogo francés, sospecha que los pacientes bajo el efecto del cloroformo sí perciben, y con una mayor sensibilidad, todos los dolores que se les está infringiendo. Pero ¿cómo es esto posible si los pacientes al despertar relatan no haber padecido ningún sufrimiento? Para Flourens, el narcótico genera una ilusión en el público que «nace de la incapacidad del paciente para recordar lo sucedido una vez que se ha ejecutado la operación»[8]. E incluso, el miedo del médico francés aumenta al pensar que los pacientes, sin saberlo, podrían o bien sufrir un *daño psíquico perdurable,* o bien morir con una muerte atroz bajo los efectos del narcótico. Al final de la carta Flourens se pregunta si aprobar estos narcóticos no sería un precio que pagar demasiado alto por el progreso.

En este apunte o esbozo del libro se entrecruzan varias ideas centrales del humanismo ilustrado. Por un lado, tenemos la idea de progreso científico-técnico. Es evidente que el uso de narcóticos en las operaciones médicas, desde sus inicios, supone una eliminación del sufrimiento. Por sí sola esta eliminación sería algo bueno, un progreso, más aún si pensamos que la medicina, gracias a estas sedaciones, podrá avanzar y realizar operaciones cada vez más sofisticadas. Pero tras la evidencia, la carta de Flourens les sirve, a los autores de *Dialéctica de la Ilustración,* como excusa para cuestionar, ejerciendo el pensamiento crítico, la propia idea de progreso científico- técnico. ¿Y si como dice el pensador francés, detrás de todo progreso hay un precio que pagar?, ¿este precio será muy alto? Como en el caso presentado en la carta, Adorno y Horkheimer denunciarán que cada vez que nuestro humanismo ilustrado ha pretendido progresar lo ha hecho a costa de algo y, más aún, como en el caso descrito por el fisiólogo, somos capaces de seguir adelante porque olvidamos el sufrimiento que nuestro progreso trae consigo: «Pero el dominio permanente sobre la naturaleza, la técnica médica y la no médica, recibe su fuerza de esta ceguera; más aún, ella se ha hecho posible merced al olvido. Pérdida

---

[7] *Ibid.,* 274-275, 283-285, 291-299.
[8] *Ibid.,* p. 274

del recuerdo como condición transcendental de la ciencia. Toda reificación es un olvido»[9].

Para seguir adelante con nuestro progreso científico-tecnológico olvidamos los sufrimientos que hemos generado. Toda reificación, toda cosificación, es un olvido de los sufrimientos que acarrea el propio proceso
de modernización. Este es uno de los puntos centrales de la crítica de la
primera generación de la escuela de Frankfurt al humanismo ilustrado.
Tal vez Jürgen Habermas tenga razón al afirmar que la crítica de sus ante-
cesores es totalizadora y no tiene en cuenta los logros emancipatorios del
humanismo. Pero leyendo las obras de Adorno vemos claramente que
él no pretende destruir sin más los pilares del humanismo, pretende ser
contrailustrado, transhumanista si se me permite, para poder ser verdaderamente ilustrado. Pero para llevar a cabo una tarea tan ardua necesita la ironía y la exageración freudiana que le lleva a afirmar que «en la
exageración está la verdad».

Ejemplos de avances que han supuesto sufrimientos podemos encontrar muchos, uno de los más estudiados ha sido la colonización. Pero
voy a subrayar otro que destacan Adorno y Horkheimer: el avance
científico-médico gracias al sufrimiento infringido en millones de animales no humanos en prácticas como la vivisección.

La pregunta que cabría hacerse es, por tanto: ¿cuál es el límite del humanismo, de su afán de modernización, de la acción racionalizadora entendida
como expansión de la racionalidad instrumental? El límite para los frankfurtianos no está en ningún transcendental ni en algún espíritu absoluto, el límite
está en el sufrimiento de cada ser vivo. Un párrafo de *Dialéctica Negativa*
expresa claramente el sentir adorniano: «La más mínima huella de sufrimiento absurdo en el mundo en que vivimos desmiente toda la filosofía de
la identidad. Lo que esta intenta es disuadir a la experiencia de que existe el
dolor. "Mientras haya un solo mendigo, seguirá existiendo el mito": la filosofía de la identidad es mitología en forma de pensamiento»[10].

Los antecedentes del transhumanismo crítico, presentes en la obra de
Adorno, pretenden ir más allá del humanismo que ha potenciado una
filosofía de la identidad aniquiladora de lo otro, lo diferente y que, por
supuesto, ha sido incapaz, con su olvido y su ceguera, de reconocer el
sufrimiento que ha provocado y sigue provocando. Romper con esa filosofía identitaria es uno de los objetivos de la propuesta adorniana plas-
mada en su dialéctica negativa.

Antes de profundizar en la idea de un pensamiento negativo y en la
propuesta contrailustrada y transhumanista de Adorno, analizaré los
otros dos epígrafes señalados de *Apuntes y esbozos*.

---

[9] *Ibid.*, p. 275.
[10] ADORNO, T. W., *Dialéctica negativa*, Madrid, Taurus, 1992, pp. 203-204.

El segundo que pretendo examinar es el titulado «Contradicciones». Se trata de un apunte muy significativo. Los autores comienzan por cuestionar la moral humanística e ilustrada a la que definen como «una moral sistemática, con axiomas y corolarios, coherencia férrea y aplicación segura a todo dilema moral»[11]. Los filósofos han explicado este tipo de moral deduciendo «del sistema teórico la obediencia a la autoridad». Cualquiera que pretenda cuestionar esta moralidad será tachado de radical, de anarquista o de excéntrico. El pensamiento y la moral del humanismo no acepta que alguien pueda escapar de la lógica binaria «o esto o lo otro»: o consideras justo el poder dominante o estás a favor del caos; o aceptas el progreso científico-técnico o deseas volver a las cavernas. Precisamente, el transhumanismo crítico de los primeros frankfurtianos pretende romper con esta lógica binaria que conduce a la asunción de la realidad como si esta fuese la única alternativa posible y, por ende, lo bueno existente. Ejemplifican la neurosis y el malestar de quien desea escapar de la moral férrea impuesta por el humanismo ilustrado con un diálogo entre dos jóvenes, el joven A y el joven B. Están dialogando sobre la medicina. El joven A es el prototipo de ciudadano que acepta la realidad como lo bueno existente. De este modo considera que ser médico es algo bueno y deseable, más aún, la medicina y los médicos suponen un gran progreso para la humanidad. No hay nada que discutir. El joven B muestra las grietas y fisuras de ese idílico progreso y de esa grata profesión. Se cuestiona la burocratización de la profesión médica, llegando el médico a desempeñar en ocasiones «el papel de procurador de la muerte. Se convierte en el agente de la gran empresa contra los consumidores». Ante la crítica, el joven A ataca con la lógica binaria, «¿piensas entonces que no debería haber médicos o que deberían volver los viejos charlatanes?»[12]. La respuesta del joven B es contundente, él no afirma tal cosa, apela a la idea contrailustrada de los frankfurtianos: «Yo no estoy contra la razón: solo quiero reconocer la forma que ha asumido».

El joven A acusa al B de estar en contradicción, como si la duda y la contradicción fuesen algo negativo a la hora de pensar y llegar a juicios éticos sobre el progreso o el poder. Por el contrario, para el joven B la contradicción es necesaria. Es preciso, si queremos avanzar y escapar de la lógica binaria, aceptar la contradicción, pero no para quedarnos en un *impasse*, sino para avanzar pensando que «la humanidad tiene aún otras posibilidades»[13].

El pensamiento del joven B es necesario para percatarnos de que la lógica del humanismo ilustrado está al servicio de una realidad que asume

---

[11]  ADORNO, T. W., HORKHEIMER, M., *Dialéctica de la Ilustración, op. cit.*, p. 283.
[12]  *Ibid.*, p. 284.
[13]  *Ibid.*, p. 284.

sin ningún tipo de reflexión lo existente como lo bueno, sea este existente el progreso o cualquier otro proceso de racionalización que hemos vivido. Es difícil, como los autores reconocen, que el sujeto neurótico B no desaparezca aplastado por la educación realista de nuestros tiempos. En palabras de Adorno y Horkheimer:

> Este diálogo se repite donde quiera que hay alguien que, ante la praxis, no quiere renunciar al pensamiento. Encuentra siempre la lógica y la coherencia del otro lado. Quien está contra la vivisección no debe respirar más, pues eso le cuesta la vida a un bacilo. La lógica está al servicio del progreso y de la reacción; en cualquier caso, al servicio de la realidad. Pero en la época de la educación totalmente realista, las conversaciones se han hecho más escasas y el interlocutor neurótico B necesita una fuerza sobrehumana para no curarse[14].

En «Contradicciones», los autores muestran otro modo de ir más allá del humanismo ilustrado, a saber, es preciso romper con la lógica binaria y admitir la contradicción en nuestro pensamiento, en nuestra razón, en nuestra lógica. «Solo los pensamientos que no se comprenden a sí mismos son verdaderos» o, lo que es lo mismo, si nuestro pensamiento no se contrapone y se mira en el espejo de «lo otro» nunca alcanzará la auténtica mayoría de edad que tanto nos había prometido el humanismo ilustrado.

El último apunte en el que me detendré se titula «Hombre y animal». Es uno de los más extensos, pero quisiera detenerme en un punto que considero crucial para la propuesta transhumanista: la relación del hombre (como sujeto varón del patriarcado) con la naturaleza en general y con la mujer y los animales no humanos en particular.

Comienza el epígrafe con una clara alusión a uno de los pilares del humanismo ilustrado: el hombre tiene dignidad frente al resto de las criaturas de la naturaleza. La racionalidad del hombre se contrapone a la irracionalidad del animal no humano y permite a aquel reafirmarse en su dignidad. La ironía es que estamos llamando racional al trato cruento del hombre hacia el animal no humano. Los ejemplos del trato cruel y horrendo hacia el mundo no humano, desde las hordas de elefantes masacradas hasta la mesa de vivisección o la explotación sistemática en los mataderos, son numerosos. La razón humanista y totalmente iluminada ha permitido, consagrado y perpetuado, la masacre y la tortura de millones de seres vivos sin pestañear. Segundo momento para la ironía, son precisamente los animales no humanos, los llamados seres irracionales, los que han experimentado en sus propias carnes lo que es la razón del humanismo ilustrado[15].

---

[14] *Ibid.*, p. 285.
[15] *Ibid.*, p. 291.

El segundo pilar que sustenta esta razón ilustrada es la equiparación de la mujer con la naturaleza irracional, dejando para ella el cuidado hacia el animal irracional y hacia el resto de los varones productores. Las palabras de los frankfurtianos son harto significativas:

> La solicitud hacia el animal irracional le parece ociosa al ser racional. La civilización occidental ha dejado esa solicitud a las mujeres. Estas no tienen una participación propia en la valentía de la que nació dicha civilización. El hombre debe salir a la vida hostil, debe actuar y luchar. La mujer no es sujeto. No produce, sino que cuida a los productores: documento viviente de tiempos ya desaparecidos de la economía doméstica cerrada. La división del trabajo, lograda e impuesta por el hombre, ha sido poco propicia para ella: la ha convertido en la encarnación de la función biológica, en imagen de la naturaleza, en cuya opresión puso esta civilización su título de gloria. Dominar sin fin la naturaleza, transformar el cosmos en un inmenso campo de caza: tal ha sido el sueño de milenios al que se conformó la idea del hombre en la sociedad viril. Ese era el sentido de la razón del que el hombre se enorgullecía. La mujer era más pequeña y más débil; entre ella y el hombre subsistía una diferencia que la mujer no podía superar, una diferencia impuesta por la naturaleza: lo más vergonzoso y humillante que se pueda imaginar en la sociedad viril[16].

La crítica al humanismo ilustrado llevada a cabo por Adorno y Horkheimer es un claro ejemplo de transhumanismo crítico. El objetivo de tal transhumanismo, como en el caso de los frankfurtianos, es permitir que el proyecto de la Ilustración pueda llevarse a término sin la lógica binaria de la dominación, sin opresión óntica. Tal tipo de opresión la han padecido, entre otros colectivos, los animales no humanos y las mujeres de forma sistemática y planificada. Empleo el término *opresión óntica* con el sentido que adquiere en la pensadora Katherine Jenkins:

> Un individuo sufre una *injusticia óntica* si y solo si es socialmente construido como miembro de un cierto tipo social donde esa construcción consiste, al menos en parte, en caer bajo un conjunto de restricciones y habilitaciones sociales que es injusto para él. La *opresión óntica* se define como una subcategoría de *injusticia óntica* [...] Un individuo sufre *opresión óntica* si y solo si es socialmente construido como miembro de un cierto tipo social donde esa construcción consiste, al menos en parte, en estar sujeto a un conjunto de restricciones y habilitaciones sociales que están sistemáticamente interrelacionadas y que lo encaminan hacia posiciones sociales caracterizadas por sufrir al menos uno de los siguientes males: explotación, marginación, impotencia, imperialismo cultural, violencia y cercenamiento comunicativo[17].

---

[16] *Ibid.*, p. 293.
[17] JENKINS, K., *Ontology and Oppression. Race, Gender and Social Reality*, Oxford University Press, New York, 2023, p. 24, p. 71. Traducción realizada por la autora, Asunción Herrera.

Los marcos conceptuales que hemos construido desde el humanismo ilustrado han perpetuado la opresión hacia numerosos seres vivos, humanos y no humanos. Recordemos con Karen Warren que un marco conceptual es un conjunto de valores, creencias y otros supuestos que se ven influidos por factores como la raza, la clase, el género o la edad; todo este conjunto de valores y creencias configura la forma en que cada uno ve el mundo y se ve a sí mismo e, igualmente, configura cómo ve cada sociedad el mundo y cómo se ve a sí misma[18]. Este marco conceptual es opresivo cuando justifica por medio de esos valores relaciones de dominación y subordinación. El marco conceptual humanista ilustrado ha justificado la dominación y la subordinación del animal no humano y de la mujer, entre otras razones, por la conexión de estos colectivos a una naturaleza irracional carente de alguna característica que el dominador posee.

Lo que el transhumanista crítico nos impele a ver es este trasfondo de dominación que ha ido parejo al humanismo ilustrado; debemos abandonar nuestra ceguera, los *narcóticos* (como la fe irracional y el deslumbramiento por un progreso científico-técnico) nos han hecho olvidar estos marcos conceptuales opresivos que han estado con nosotros desde nuestra más temprana Ilustración. Reflexionemos porque sin duda hemos pagado y estamos pagando un alto precio por este tipo de progreso. Este transhumanismo crítico exige una revolución ética, bioética, política y biopolítica que bien pudiera evitar el tan temido colapso de nuestra civilización.

Kurzweil, si recordamos, en su proyecto posthumano pretende la interfaz mente biológica/mente computacional con el objetivo último —según sus palabras— de expandir el humanismo, de hacer un mundo posthumano más humano. En el capítulo tercero intenté mostrar la falacia de tal intento. Ahora bien, se puede, es lo que pretendo mostrar en este capítulo, ser transhumanista crítico para poder desplegar lo que nos permitiría salir de la barbarie, salir de la minoría de edad y alcanzar un estado de verdadera Ilustración.

Esta es la pretensión de Adorno. Su proyecto queda perfilado en obras posteriores a *Dialéctica de la Ilustración*. Su propuesta transhumanista crítica se entresaca de *Minima moralia*, *Dialéctica negativa* y de su *Teoría estética*.

Una de las claves para entender el transhumanismo crítico adorniano viene de la mano de una serie de conceptos centrales que se repiten en su obra: reconciliación, esperanza, mímesis, constelación y experiencia estética. Sin profundizar en tales conceptos, intentaré someramente

---

[18] WARREN, K., «El poder y la promesa del feminismo ecológico», en AGRA, M. X., (comp.), *Ecología y feminismo*, Granada Comares, pp. 117-146.

relacionarlos con el tema del transhumanismo crítico[19]. Cuando Adorno realiza su crítica al humanismo ilustrado no está realizando una crítica postmoderna, a la manera de Lyotard, donde siguiendo a Ihab Hassan, se realiza una voladura de la *épistémè* moderna en la que «la razón y su sujeto —como detentador de la "unidad" y la "totalidad"— vuelan en pedazos»[20]; el transhumanismo crítico de Adorno lo acerca a una postmodernidad como la descrita por Frederic Jameson, se trata de una «renuncia postmoderna (yo diría transhumanista) a la violencia de una razón totalizadora»[21], dando pie a un nuevo concepto de totalidad dialógico y postmoderno, «que se podría caracterizar, siguiendo a Adorno, como "unidad sin violencia de lo múltiple"»[22]. Esta es la única reconciliación posible si pretendemos salvar lo positivo de la Ilustración. Tal tipo de unidad se consigue con la constelación y la mímesis. Es preciso constelar para escapar de la lógica binaria de la dominación y la opresión óntica. Si constelamos, si yuxtaponemos los conceptos, seremos capaces de generar marcos conceptuales donde no impere la violencia de uno de los elementos del par; los conceptos que se han enfrentado como opuestos, en esta nueva lógica adorniana, se yuxtaponen, se constelan porque se necesitan para alcanzar la verdad («solo son verdaderos los pensamientos que no se comprenden a sí mismos»). La mímesis, no como mera copia de la realidad, sino entendida como la capacidad de percibir lo semejante en lo desemejante, es un concepto necesario para la crítica transhumana.

¿Dónde encontrar ejemplos de esta mímesis, de esta «unidad sin violencia de lo múltiple»? En el arte, en la experiencia estética. La filosofía, el pensamiento conceptual debe perder su momento totalitario, de dominio y violencia, y solo lo perderá si mira hacia el arte y su momento mimético. Esto es lo que significa la exigencia de Adorno en *Dialéctica negativa* al reclamar la necesidad de que la filosofía vaya «más allá del concepto mediante el concepto». Pero esta asunción, no significa en Adorno, a diferencia de otros postmodernos como Lyotard, la entrega de la filosofía a lo irracional, a lo sublime del arte. El arte no puede caer en pura irracionalidad, por lo tanto, necesita del concepto, esta es la constelación que nos puede conducir a una verdad irrenunciable:

---

[19] Para profundizar en su análisis véase WELLMER, A., *Sobre la dialéctica de modernidad y postmodernidad. La crítica de la razón después de Adorno*, Madrid, Visor, 1993 y HERRERA GUEVARA, A., *La historia perdida de Kierkegaard y Adorno*, Madrid, Biblioteca Nueva, 2005.

[20] WELLMER, A., *Sobre la dialéctica de modernidad y postmodernidad. La crítica de la razón después de Adorno, op. cit.,* p. 53.

[21] *Ibid.,* p. 54. Acotado de la autora.

[22] *Ibid.,* pp. 54-55.

Racionalidad y mimesis han de converger para salvar a la racionalidad de su irracionalidad. Mimesis es un nombre para las formas de conducta sensorialmente receptivas, expresivas y comunicativas de lo viviente. El lugar en que se han mantenido como algo *espiritual* en el curso del proceso de civilización es el arte [...] Para Adorno, arte y filosofía designan las dos esferas del espíritu en que este logra irrumpir a través de la costra de cosificación merced al acoplamiento del elemento racional con el mimético [...] Una interdependencia que en las formas de conocimiento del Arte y de la Filosofía se esboza ya como un tender puentes sin violencia sobre el abismo entre visión y concepto, entre lo particular y lo general, entre la parte y el todo[23].

Este es el transhumanismo crítico de Adorno que pretende ir más allá del humanismo ilustrado con la constelación filosofía y arte. Es la única forma de que el pensamiento conceptual pierda su violencia y escape definitivamente de la lógica de la dominación.

### 4.3.  BRAIDOTTI, ¿TRANSHUMANISMO CRÍTICO O POSTHUMANISMO?

La literatura sobre el posthumanismo es extensa y no deja de crecer, esta es una de las razones por las que prefiero limitar mi narración a autores concretos. Uno de esos pensadores es Rosi Braidotti, filósofa y teórica feminista. Me centraré, fundamentalmente, en su obra *El conocimiento posthumano*[24]. En el apartado anterior he intentado mostrar como la obra de Adorno y Horkheimer, sobremanera la de Adorno, puede ser vista como un antecedente de lo que he denominado transhumanismo crítico. El punto que discutiré a continuación es la caracterización de una obra como la de Braidotti que la propia autora califica de proyecto posthumano. ¿Es realmente una propuesta posthumanista o encajaría, de igual modo, dentro de la categoría del transhumanismo crítico? Veamos el caso.

En primer lugar, quiero destacar que esta cuestión es terminológica y alcanza a aspectos metodológicos. Recuerdo que mi clasificación emplea el término posthumano tan solo para aquellos proyectos o propuestas que buscan una evolución tan significativa de los humanos que estos dejarían de ser humanos al no compartir aspectos relevantes con los humanos. Incluso podríamos hablar de la creación de una nueva especie. Por lo tanto, desde mi punto de vista, son posthumanistas las propuestas de un transhumanismo tecnocientífico radical como el que he examinado en secciones anteriores. Junto a este posthumanismo se

---

[23]  *Ibid.*, p. 151.
[24]  BRAIDOTTI, R., *El conocimiento posthumano*, Barcelona, Gedisa, 2020. Versión Kindle.

encuentra un transhumanismo tecnocientífico suave, no radical, y un transhumanismo crítico o cultural. He intentado mostrar cómo la filosofía de la primera generación de la escuela de Frankfurt, sobremanera la filosofía de Adorno puede ser vista como un antecedente de este transhumanismo crítico.

Braidotti se presenta como defensora de un proyecto posthumanista. Pero lo primero que he de subrayar es que en su concepción de lo posthumano incluye una gran variedad de propuestas.

> Como era de esperar ya han surgido distintos tipos de posthumanismo: el teórico (Badmington, 2003); el insurgente (Papadopoulos, 2010); el especulativo (Sterling, 2012; Roden, 2014); el cultural (Wolfe, 2010; Herbrechter, 2013); el literario (Nayar, 2013); el transhumanista (Bostrom, 2014) [...] Y por supuesto la lista sigue[25].

La filósofa italoaustraliana emplea el término posthumano de una manera genérica y amplia, llegando a incluir a los proyectos transhumanistas como los de Savulescu o Bostrom dentro de la categoría de lo posthumano. Un concepto tan genérico lo emplea Braidotti para referirse tanto a un marco histórico de nuestra condición como a una figura teórica[26]. En ningún momento, como iré mostrando a lo largo de esta sección, lo posthumano en Braidotti adquiere la categoría de la aparición de un ente distópico/utópico que no quepa en la tribu de los homininos —subtribu de primates homínidos caracterizados por la postura erguida y la locomoción bípeda—.

Como ejemplo de este sentir cabe decir que, en primer lugar, Braidotti rechaza ver al posthumanismo como algo por venir o como una distopía que llegará con el tiempo: «Lo posthumano no es tanto una visión distópica del futuro como un rasgo definitorio de nuestro contexto histórico»[27]. Lo posthumano no es el futuro es el presente. Y como presente que es debemos sacarle partido, verlo como una oportunidad. Nadie puede decir que nuestro presente posthumano esté exento de riesgos, pero también está cargado de grandes retos y oportunidades, como señala nuestra autora. En segundo lugar, Braidotti, no solo se distancia de las distopías/utopías posthumanas que muchos de los proyectos transhumanistas tecnocientíficos radicales proponen, sino que a su vez se distancia de lo que la autora denomina los *inhumanismos*. Dentro de este grupo Braidotti destaca tres posicionamientos: (i) los inhumanistas que subrayan la desaparición del sujeto frente a la importancia de los agentes no humanos; dentro de esta línea nos encontraríamos con la Teoría del

---

[25] *Ibid.*, p. 84.
[26] *Ibid.*, p. 6.
[27] *Ibid.*, p. 6.

Actor Red y con Bruno Latour (2005) a la cabeza. Como Braidotti comenta este tipo de inhumanismo que renuncia al sujeto lleva a la desaparición de los análisis de género, clase o raza[28]. Consecuencia con la que está en absoluto desacuerdo: «Por mucho que se quiera reivindicar la igualdad entre actores humanos y no-humanos [...] no se consigue compensar la falta de una epistemología que haga justicia a las estructuras de poder de los sujetos contemporáneos»[29]; (ii) en la misma línea inhumanista se encuentran los que hablan de antropocansancio; dentro de esta categoría la autora recoge los planteamientos de quienes pretenden mejorar nuestros cerebros para que funcionen a la misma velocidad que las redes computacionales[30]; (iii) y, por último, Braidotti nos habla del inhumanismo de quienes muestran indiferencia hacia la vulnerabilidad y el cuidado de los humanos[31].

Teniendo en cuenta estas dos premisas, a saber, por un lado, su rechazo a ver lo posthumano como un tiempo futuro distópico y, por otro, su rechazo a lo que denomina los actuales inhumanismos, el proyecto posthumanista de Braidotti es, desde mi caracterización, una propuesta de transhumanismo crítico.

La pregunta que cabe hacerse a continuación tiene que ver con las características de un tipo de transhumanismo crítico como el de Braidotti, citaré las más destacables: (i) este transhumanismo crítico (posthumanismo para nuestra autora) no solo es una crítica al humanismo, sino que se enfrenta al reto de superar el antropocentrismo; habría una convergencia entre su propuesta y el postantropocentrismo, como la propia autora reconoce. Este es un ejemplo más de cómo el transhumanismo crítico pretende romper con la lógica binaria de la dominación. De hecho, nuestra autora habla de una justicia *zoecéntrica* que cuestione la insostenible separación *bios* (vida humana) y *zoe* (vida no humana)[32]; (ii) de esta ruptura con el antropocentrismo debe emerger un nuevo sujeto «materialmente integrado y encarnado» capaz de relacionarse con múltiples no humanos[33]. El reto para Braidotti es «redefinir un sujeto de conocimiento y de poder sin hacer referencia a ese sujeto unitario, humanista, eurocéntrico y masculino»[34], y yo añadiría especista; lo importante para superar este tipo de sujeto es vernos como seres relacionales que se definen por su capacidad de afectar y de verse

---

[28] *Ibid.*, p. 59.
[29] *Ibid.*, p. 59.
[30] *Ibid.*, p. 61.
[31] *Ibid.*, p. 64.
[32] *Ibid.*, p. 13.
[33] *Ibid.*, p. 44.
[34] *Ibid.*, p. 47.

afectados por otros[35]. Su propuesta se inscribe dentro de lo que denomina una filosofía vitalista neomaterialista; (iii) tal sujeto relacional nos permitiría reconstruir una subjetividad transhumana/posthumana compuesta, según Braidotti, «por organismos *zoe*-lógicos, geológicos y tecnológicos: es un ensamblaje *zoe*/geo/tecnológico»; (iv) no podemos pensar que este nuevo sujeto relacional es *uno* a la manera de la filosofía identitaria, nada de eso, el nuevo sujeto no es el hombre uno, humano, eurocéntrico, masculino y especista, sino «un nuevo sujeto colectivo, un sujeto del tipo estamos-(todos)-metidos-en-esto-juntos-pero-no-somos-uno-y-lo-mismo»[36].

El transhumanismo crítico de Braidotti escucha el sufrimiento de todos los seres vivos y de la naturaleza en general y, acorde con los tiempos que nos toca vivir, incluye los componentes tecnológicos como un elemento más que se ensambla en nuestra presente condición transhumana. Es una propuesta de ruptura con el pensamiento binario y con las injusticias que este tipo de pensamiento ha traído consigo.

* * *

La crítica a la lógica binaria de la dominación es un tópico analizado y denunciado por la filosofía, pero también aparece en otro tipo de narraciones. Me gustaría destacar dos textos literarios que muestran una forma diferente de entender el sujeto[37]. Me refiero a *Orlando* de Virginia Woolf y a *Narciso y Goldmundo* de Hermann Hesse.

Sobre la novela de Woolf me gustaría destacar un punto central: el personaje principal de la obra, Orlando, pasa, a lo largo de diferentes momentos históricos, por cuerpos masculinos y femeninos. A la edad de treinta años, siendo embajador en Constantinopla, se transforma en mujer tras un letargo de días. Pero como bien dice la narradora, no cabía duda de su transformación de varón a mujer, pero Orlando en todo lo demás seguía siendo el mismo, «el cambio de sexo modificaba su porvenir, no su identidad». De manera magistral, Virginia Woolf nos adentra en la importancia de romper con el binarismo sexual de una vez por todas. Es preciso abandonar la idea de que el sexo masculino/femenino

---

[35]  *Ibid.*, p. 48.

[36]  *Ibid.*, p. 58.

[37]  Quisiera recordar, igualmente, que la novela de Sturgeon, analizada en un capítulo anterior, *Más que humano*, nos muestra un sujeto transhumano relacional, un nuevo sujeto que necesita de los otros, que depende de otros incluso para poder suplir sus carencias. La propuesta de la novela, una forma de vida Gestalt donde el todo es mayor que la suma de las partes, nos hace pensar en un sujeto relacional, dependiente, capaz de afectar a otros y capacitado para dejarse afectar por los demás. Recordemos lo que el bebé, una de las partes de este nuevo sujeto, dice en un momento de la novela: «"Yo" somos todos nosotros».

es el único que puede condicionar nuestra identidad. La novela no solo se adelanta en el tratamiento de lo trans, rechazando el binarismo sexual, sino que obliga al lector a seguir las andanzas de Orlando y a ponerse en el lugar de un sujeto que ya no puede seguir la lógica sexual binaria para construir su identidad.

Orlando no deja de ser un sujeto producto de ese transhumanismo crítico del que vengo hablando a lo largo de este capítulo. Es un sujeto relacional más allá del sujeto unitario, eurocéntrico y masculino. Ha perdido la unidad de su sexo, viaja por diferentes partes del mundo y convive con diferentes pueblos y, por supuesto, no se puede categorizar como masculino.

¿Por qué la novela de Hesse *Narciso y Goldmundo* puede introducirse dentro de esta ruptura con el sujeto unitario? Existe una razón fundamental: desde el inicio de la obra se acepta un nuevo binarismo impuesto por el pensamiento occidental; me refiero al binarismo entre el arte y el pensamiento. Narciso nos lo subraya desde el comienzo de la novela. Por un lado, está Goldmundo, el estudiante del convento con dotes artísticas; por el otro, Narciso quien se presenta a sí mismo como el pensador. Para Goldmundo el mundo está formado de imágenes, para Narciso de conceptos. Hesse nos va a mostrar a lo largo de su novela la falacia de tal contraposición. Después de años y numerosos avatares, de lo que se percatan los dos personajes centrales es de su necesidad de estar juntos, de complementarse, no son nada el uno sin el otro, solo cabe buscar la unión entre el arte y el pensamiento. La vida, la identidad, para ser verdaderamente completa no puede prescindir de ninguno de este par de términos. Al final de la novela, la figura de la *Madre-Eva* simboliza la vida completa, con el espíritu y la carne, con lo conceptual y lo artístico. Como bien expuso Adorno en su teoría, arte y pensamiento se necesitan mutuamente, deben constelarse con el fin de que el arte no pierda su valor de conocimiento y verdad, y, a su vez, para que el conocimiento, el pensamiento conceptual unido a lo estético, abandone su violencia. Este es el nuevo sentir del transhumanismo crítico.

## 4.4.  ECOFEMINISMO Y RETROCESO SUSTENTABLE COMO FORMAS DE TRANSHUMANISMO CRÍTICO

Desde el inicio de esta obra he insistido en la importancia de constelar el progreso científico y tecnológico con el progreso moral. Para alcanzar una meta tan ambiciosa es necesario que todos los proyectos científicos y tecnológicos asuman o respeten una idea de justicia determinada. La mayoría de los ciudadanos pueden pensar que este planteamiento es justo en sí mismo, deseable y asumible. Ahora bien, no nos engañemos, estamos lejos de asumir la propuesta cuando ponemos casos concretos. Por poner un ejemplo que nos afecta a todos en nuestra vida diaria: pensemos en los teléfonos móviles, ¿estaríamos dispuestos a prescindir de ellos hasta que se diera con una tecnología que no necesitara, por ejemplo, el coltán o tal vez hasta que la obtención del coltán se pudiera llevar a cabo en condiciones laborales justas y no en las actuales condiciones feudales y coloniales?[38] Si contestásemos afirmativamente a esta cuestión, es decir, si estuviésemos dispuestos a reconsiderar el uso de los móviles hasta modificar las relaciones de producción que hay tras ellos, esto sería un buen ejemplo de lo que he denominado en otros escritos *retroceso sustentable*[39]. Es evidente que el teléfono móvil ha supuesto una liberación y un avance en nuestras relaciones sociales, personales y de trabajo; pero volvamos a la pregunta de Adorno y Horkheimer ¿cuál es el precio que hemos de pagar? Nuestra ignorancia hace que olvidemos el sufrimiento que generan determinados avances tecnológicos, pero tal ignorancia —recuérdese mi concepto *la conspiración de la ignorancia*— no nos exime de la responsabilidad ni del daño moral que estamos infringiendo a muchos otros seres humanos. En definitiva, muchos de los avances científicos y tecnológicos de nuestro mundo generan opresión e injusticia óntica. De ahí la importancia del transhumanismo crítico. Esta forma de transhumanismo sí pretende un progreso a nivel científico y tecnológico que evite o disminuya considerablemente la opresión e injusticia óntica.

Para alcanzar este objetivo es necesario asumir tres puntos: (i) la revisión una por una de todas las propuestas transhumanistas científicas y tecnológicas con el fin de percatarse de si cumplen o no un determinado estándar de justicia; (ii) estar dispuestos a *retroceder* para avanzar y (iii) romper los lazos con pensamientos y estructuras ideológicas que no respetan un principio de justicia como el que estoy exponiendo; me refiero a la lógica binaria de la dominación presente en el androcentrismo o en el antropocentrismo, por citar dos ejemplos con los que hay que romper.

### 4.4.1. ECOFEMINISMO

Una de las teorías filosóficas que mejor pueden ser etiquetadas de transhumanismo crítico es el ecofeminismo. Como teoría filosófica podemos datar sus orígenes hacia los años 70 del siglo veinte. Françoise d'Eaubonne,

---

[38] Todos sabemos hoy en día, o deberíamos saberlo, que la existencia de los móviles en nuestras vidas se da bajo unas relaciones laborales de producción inaceptables, en las minas de África Central.

[39] Véase HERRERA GUEVARA, A., *La conspiración de la ignorancia. Una reflexión sobre el progreso y sus paradojas, op. cit.*

escritora francesa, publicó en 1974 un libro con el título *El feminismo o la muerte* donde aparece por primera vez el término[40]. El espíritu de la obra es claro. La autora subraya la responsabilidad masculina en dos de las grandes amenazas de su época, la superpoblación y la destrucción de recursos, ante esta responsabilidad «la única mutación que puede salvar al mundo de hoy es la "gran inversión" del poder masculino»[41]. La escritora francesa apela a un nuevo cambio más allá de las proclamas revolucionarias. Se trata de una mutación que va mucho más lejos que cualquier revolución pensable hasta el momento. El feminismo es el único movimiento que puede permitir esta mutación para que el mundo no quede abocado a una muerte inminente. Es necesario romper con el androcentrismo, el feminismo está ligado a «una mutación de la totalidad, incluso a un nuevo humanismo, única salvación todavía posible»[42]. El feminismo no es, para Eaubonne, una lucha más de un grupo oprimido; mostrará que es el movimiento que lucha por la humanidad en crisis, el movimiento que permitirá la mutación, la transformación del mundo. Más aún, «si el mundo rechaza esta mutación que superará a cualquier revolución [...] está condenado a muerte. Y muerte a corto plazo. No solo por la destrucción del medio ambiente, sino por la superpoblación de la cual el proceso pasa directamente por la gestión de nuestros cuerpos encomendada al Sistema Masculino»[43].

Como afirma la filósofa Marta Tafalla, en esta obra Eaubonne:

> Denunció que nuestra civilización antropocéntrica y androcéntrica explota la fecundidad de las mujeres de la misma manera en que explota la fertilidad de la tierra, y por ello la construcción de una sociedad más justa necesita de la unión entre feminismo y ecología. Eaubonne estudió la relación entre el aumento de la población humana y la degradación de los ecosistemas, y dedujo que la imposición del imperativo reproductivo a las mujeres por parte del patriarcado daña tanto a las mujeres como a la naturaleza. Por ello defendió que no habría solución a la crisis ecológica que no pasara por el feminismo: las mujeres deben reapropiarse de sus cuerpos con el derecho a decidir sobre su sexualidad y su reproducción, del mismo modo en que debemos aprender a respetar a este planeta[44].

La obra de la autora francesa nos puede parecer apocalíptica (feminismo o muerte), pero es mucho más justo interpretarla bajo el paraguas frankfurtiano de Adorno que se apoya en una idea del psicoanálisis

---

[40] D'Eaubonne, F., *Le Féminisme ou le mort*, París, Pierre Horay, 1974. Existe una traducción en castellano en versión digital de la Confederación Sindical Solidaridad Obrera.

[41] *Ibid.*, versión digital, p. 259.

[42] *Ibid.*, p. 16.

[43] *Ibid.*, p. 18.

[44] Tafalla, M., *Filosofía ante la crisis ecológica*, Madrid, Plaza y Valdés, 2022, p. 165.

freudiano que alaba la exageración como forma de alcanzar la verdad. Nos puede parecer una propuesta excesiva en los años 70, pero realmente ¿nos parece una exageración el diagnóstico y la propuesta de Eaubonne en pleno siglo XXI, donde no sabemos cómo romper con la lógica binaria de la dominación que nos ha conducido y conduce a la destrucción, no solo de gran parte de la población femenina, sino del planeta? La propuesta de la autora francesa, la mutación que reclama, es una ruptura con el humanismo de la violencia; es el germen de un transhumanismo crítico, es un nuevo humanismo ilustrado rupturista con dos de los paradigmas más opresores del mundo, a saber, el androcentrismo y el antropocentrismo.

La filósofa Tafalla en su obra *Filosofía ante la crisis ecológica* expone la lacra de un dualismo jerarquizado impuesto para ocultar la diversidad. Como subraya, nuestra civilización ve la realidad a través de pares opuestos y ordenados jerárquicamente (ser humano-animal, espíritu-materia, cultura-naturaleza, hombre-mujer, razón-emociones, etc.). Ahora bien, este dualismo no es neutro, los primeros términos del par «son considerados superiores, y estarían legitimados para dominar» a los otros elementos del par. «El dualismo lo divide todo. Divide la realidad misma al considerar que existe una realidad material y una realidad espiritual. Divide la biosfera, al sostener que los seres humanos se han alzado sobre la naturaleza y construido un orden distinto que llaman cultura. Y divide también al propio ser humano, que es definido por su carácter dual: [...] de un lado su capacidad para razonar, del otro sus emociones»[45].

¿Cómo entender esta interpretación del mundo y cómo fracturar este paradigma de asunción de la realidad? La respuesta de Tafalla coincide con el espíritu transhumanista crítico del ecofeminismo:

> Una forma de ayudar a comprender los pares duales jerarquizados del apartado anterior es visualizarlos como si fueran las piezas de un puzle que pretende representar la realidad. Las ecofeministas denunciaron que ese puzle estaba mal hecho porque no muestra la realidad tal y como es, sino que la distorsiona para legitimar relaciones de opresión [...] Así pues, la tarea que debemos abordar es desmontar el puzle y hacerlo de nuevo [...] Y no se trata tan solo de reordenar las piezas: quizás haya piezas que sobren y piezas que falten. También os daréis cuenta de que habría varias soluciones posibles para rehacer el puzle. Por ejemplo, una persona podría resolver la dualidad alma-cuerpo sosteniendo que el alma no existe, mientras que otra podría afirmar que sí existe el alma pero que no es superior al cuerpo y buscando la reconciliación entre ambos. Es decir, si buscamos una cosmovisión alternativa a la dominante, no existe tan solo una única posible, sino que hay una pluralidad de cosmovisiones diversas que podemos construir[46].

---

[45] *Ibid.*, p. 171.
[46] *Ibid.*, p. 173.

Las filósofas ecofeministas, como Tafalla, proponen rupturas con los paradigmas dominantes que han permitido y perpetuado una lógica de la dominación, me refiero, fundamentalmente al androcentrismo y antropocentrismo. Igualmente, muchas de ellas, han reivindicado otra forma de hacer y escribir filosofía[47]. La propia Braidotti, sin enmarcarse de forma rigurosa en el ecofeminismo, estaría muy cerca de todas estas propuestas. El conocimiento posthumano que sugiere, que he denominado transhumanismo crítico, impele a escribir rompiendo los moldes de las ciencias o saberes duros e incita al empleo de neologismos. Y, por supuesto, en su propuesta es central la ruptura con la lógica binaria de la dominación.

El ecofeminismo actual escapa de las coordenadas esencialistas en las que se inscribían los trabajos de pensadoras como Vandana Shiva y María Mies en su obra *Ecofeminismo: Teoría, crítica y perspectivas*[48]. Para este tipo de ecofeminismo la mujer por su propia naturaleza tiende al cuidado de la vida, existiría un vínculo natural entre la mujer y la naturaleza que implicaría su involucración en la ecología. Hoy en día este ecofeminismo esencialista ha dado paso a visiones constructivistas y a planteamientos alejados de la *mística de la feminidad* que asocian a la mujer con una madre tierra reproductora.

Los planteamientos ecofeministas son muy diversos. Cabe citar los trabajos de Carol J. Adams con su libro *La política sexual de la carne*[49] publicado en 1990 donde la autora muestra los puntos en común de la opresión animal y de la opresión de la mujer. En nuestra civilización, ambas formas de opresión se dan tras reducir a unos y a otras a mera carne de consumo: carne que saborear o carne que disfrutar sexualmente. La perspectiva de Adams añade al ecofeminismo un claro sesgo animalista.

La filósofa anglosajona Karen J. Warren, a la que he citado con anterioridad, con su obra *Ecofeminist Philosophy*[50] o la australiana Val Plumwood, filósofa ecofeminista de la *Deep Ecology*, son dos referencias obligadas[51]. Las críticas de Plumwood al antropocentrismo son centrales porque no solo subraya las injusticias a las que nos lleva todo planteamiento antropocéntrico, sino que además con este paradigma en mente nos vemos como el centro del universo y, por lo tanto, como lo más valioso, resistente y fuerte. Somos los causantes del cambio climático y de numerosas

---

[47] *Ibid.*, p. 177.

[48] SHIVA, V. y MIES, M., *Ecofeminismo: Teoría, crítica y perspectivas*, Barcelona, Icaria, 1997.

[49] ADAMS, C. J., *La política sexual de la carne. Una teoría crítica feminista vegetariana*, Madrid, Ochodoscuatro Ediciones, 2016.

[50] WARREN, K. J., *Ecofeminist Philosophy*, Lanham, Rowman & Littlefield Publishers, 2000.

[51] Véase PLUMWOOD, V., *Environmental Culture: The Ecological Crisis of Reason*, Abingdon, Routledge, 2002.

catástrofes naturales, pero nuestra asunción antropocéntrica nos hace creer que podemos con todo, por supuesto nuestra ciencia y nuestra técnica nos sacarán del atolladero. Plumwood es otra filósofa ecofeminista que critica los dualismos propiciadores de la lógica de la dominación. Instó al abandono de estos dualismos y al rechazo de la caracterización occidental de un yo racional, unitario, tipo cartesiano. Su propuesta se lanza hacia la empatía por el otro, ya sea este otro animal humano, animal no humano o naturaleza en general. Vemos en esta vertiente ecofeminista un acercamiento a las teorías del sentimiento moral y a la ética del cuidado.

La filósofa María José Guerra Palmero, en numerosos trabajos, muestra cómo es preciso la convergencia de la perspectiva de género, desarrollo y medio ambiente con el fin de alcanzar una teoría ecofeminista de la justicia[52]. La convergencia que busca Guerra es altamente relevante para ver al ecofeminismo no solo desde la perspectiva del cuidado, sino desde el espacio de la justicia. Es una muestra más de un planteamiento ecofeminista riguroso, rompedor de paradigmas androcéntricos que vinculaban sin más al ecofeminismo con el esencialismo y la ética del cuidado.

La filosofía ecofeminista, en sus diferentes versiones, es una muestra clara del nuevo transhumanismo crítico que pretende romper con dos de nuestros paradigmas dominantes: el androcentrismo y el antropocentrismo[53]. Para ello será necesario no solo unir feminismo y ecología, sino igualmente necesario es el vínculo con la ética animalista. El ecofeminismo constructivista de Alicia H. Puleo se inscribe dentro de este reto. La filósofa Alicia H. Puleo ha realizado la transición, en teoría filosófica, del ecofeminismo esencialista al ecofeminismo constructivista, defendido en numerosos trabajos de la autora[54]. A este nuevo ecofeminismo, que reniega de los esencialismos, Puleo lo califica de ilustrado, constructivista y crítico. El adjetivo crítico, en palabras de la autora, «hace referencia explícita a las promesas incumplidas de la Ilustración y a la necesidad de llevarlas a cabo superando sus limitaciones androantropocéntricas»[55]. El espíritu del nuevo ecofeminismo insiste en la necesidad de romper con dos de los paradigmas de la dominación que nos han conducido a la crisis

---

[52] Véase GUERRA PALMERO, M.ª J., *Breve introducción a la ética* ecológica, Madrid, Antonio Machado libros, 2001; *Teoría feminista contemporánea. Una aproximación desde la ética*, Madrid, Editorial Complutense, 2002; «La (des)conexión mujeres y naturaleza», *Icono 14*, vol. 9, n.º 1, 2011, pp. 21-38. GUERRA PALMERO, M.ª J. y HERNÁNDEZ PIÑERO, A., «Mujeres, desarrollo y medio ambiente. Hacia una teoría ecofeminista de la justicia», *Isegoría*, 32, 2005, pp. 185-200.

[53] Para un análisis más detallado de las obras de autoras ecofeministas véase TAFALLA, M., *Filosofía ante la crisis ecológica, op. cit.*, pp. 165-213.

[54] Véase PULEO, A. H., *Filosofía, Género y Pensamiento crítico*, Valladolid, Universidad de Valladolid, 2000; *Ecofeminismo para otro mundo posible*, Madrid, Cátedra, 2011; *Claves ecofeministas* Madrid, Plaza y Valdés, 2019.

[55] PULEO, A. H., *Claves ecofeministas, op.cit.*, p. 34.

social, política, económica, ecológica, animalista y global que estamos viviendo, a saber, el androcentrismo y el antropocentrismo. Puleo presenta al ecofeminismo como una alternativa a estos paradigmas propios de la globalización neoliberal y aboga por una justicia social entendida como ecojusticia, una ecojusticia que «sería incompleta si no se tiene en cuenta también a los millones de animales no humanos que nuestra especie mata y devora todos los días, a los que esclaviza en las granjas industriales, y a los animales silvestres acosados y exterminados en sus propios territorios. Un potente movimiento animalista internacional está dando por fin voz a los que no tienen voz. En él, las mujeres son mayoría»[56]. El ecofeminismo crítico y constructivista, como reconoce Puleo, no renuncia a la ciencia y a la tecnología, sino que busca una «ciencia empática, corregir el sesgo reduccionista y mejorar su desarrollo, reemplazando la voluntad de dominio por la actitud ética de cooperación y escucha atenta»[57].

Desde Eaubonne hasta las filósofas contemporáneas españolas e internacionales, el ecofeminismo ha evolucionado y se inscribe, esta es la tesis que defiendo, dentro de lo que vengo llamando transhumanismo crítico. Un tipo de transhumanismo al que debemos tender si queremos avanzar de la mano de una ciencia y una tecnología con justicia social, interespecífica e intergeneracional. Un modelo de justicia donde el reconocimiento de lo diferente —ya sea este el animal no humano, las personas divergentes o la naturaleza en general—, sea un principio central para combatir los paradigmas perpetuadores de la lógica de la dominación.

## 4.4.2. Retroceso sustentable

Una pregunta recurrente en el tema que estoy exponiendo tiene que ver con el cómo, a saber, cómo podemos romper con los paradigmas, andro y antropocéntricos que perpetúan la lógica de la dominación. Lo primero que debemos abolir, desde mi concepción del transhumanismo crítico, es la idea romántica de que todo progreso científico y tecnológico es un avanzar. El sociólogo, economista y activista norteamericano Jeremy Rifkin es contundente en sus últimas publicaciones: la era del progreso se ha acabado, la hemos extinguido[58]. El progreso lineal siempre ha sido una quimera, pero hoy más que nunca se constata la falacia tan peligrosa que ha sustentado la civilización occidental. Una falacia que ha podido mantenerse durante siglos porque, entre otras características, se relaciona con la abundancia de recursos y con la multiplicación del consumo. Frente

---

[56] *Ibid.*, p. 42.
[57] *Ibid.*, p. 90.
[58] Véase Rifkin, J., *El Green New Deal Global*, Barcelona, Planeta, 2021.

a la abundancia de recursos, constatamos desde hace décadas, la finitud de los bienes que la naturaleza pone a nuestro alcance. Y en relación con el consumo, la mayor parte de los occidentales se ha percatado de que el turbocapitalismo exige consumir con tal voracidad, que el hecho de *consumir* se ha convertido en el fin de las vidas y no en un medio para conseguir otros fines que nos hagan moralmente felices.

Tanto la remarcada superioridad masculina —con la consiguiente opresión e injusticia hacia la mujer— como la superioridad del humano sobre la naturaleza en general y el animal no humano en particular —con la consiguiente expoliación de la naturaleza y opresión hacia los animales no humanos—, son los dos paradigmas (andropocéntrico y antropocéntrico) aliados del turbocapitalismo. Y, por lo tanto, son los dos responsables de los males que estamos padeciendo, como por ejemplo la crisis climática y la proliferación del sufrimiento en todos los rincones del planeta.

La propuesta de un *retroceso sustentable* ataca al corazón mismo de nuestra actual razón productivista[59]. Y, por lo tanto, ataca a sus dos grandes aliados, el andro y antropocentrismo. Una vez superado el mito del progreso lineal, debemos plantearnos la posibilidad de retroceder para avanzar. Desde el punto de vista de nuestro actual sistema económico y financiero, la propuesta es un retroceso, ahora bien, desde el punto de vista moral, de *lo que es más justo para todos por igual*, sería un gran avance.

Es preciso que validemos los proyectos científicos y tecnológicos, como he querido dejar claro a lo largo de esta obra, en paralelo o en sintonía con lo que denominamos progreso moral. Si este es el caso, en ocasiones, habremos de parar e incluso retroceder ante nuevas propuestas. Pondré un ejemplo. Si determinados proyectos tecnocientíficos suponen un aumento del calentamiento global del planeta, con el consiguiente empeoramiento de la crisis climática, estos proyectos han de paralizarse o no ponerse en marcha. Entre otras razones porque nuestra idea de justicia interespecífica nos obliga a tener en cuenta no solo los intereses de un 15% de la población mundial humana, sino los intereses del resto de los humanos y de los no humanos. Este es el sentido que adquiere el término *retroceso* cuando lo unimos a la actual idea de progreso. Denunciando y atacando el modelo de razón productivista, que sigue vigente en nuestras actuales sociedades, damos un gran paso en la abolición de sus dos grandes aliados, el andro y el antropocentrismo.

¿Por qué propongo defender un *retroceso sustentable* en lugar de hablar de un *retroceso sostenible*? Evidentemente el término escogido tiene una

---

[59] Los trabajos de André Gorz son pioneros en ecología política. El autor hace hincapié en el callejón sin salida al que nos ha conducido el llamado capitalismo de crecimiento. Un callejón sin salida que no afecta tan solo al orden económico, sino que expande su red a lo propiamente social y político. Véase GORZ, A., *Crítica de la razón productivista*, Madrid, Los Libros de la Catarata, 2008.

clara intencionalidad. Lo sostenible, en gran parte de nuestra reciente historia ecologista, ha sido un aliado de las políticas económicas del capitalismo de crecimiento y, por lo tanto, del tipo de desarrollismo que nos ha conducido a una situación tan injusta como la que vivimos[60]. Injusticia que me lleva a afirmar que el modelo desarrollista y sostenible que se ha mantenido en los siglos XX y XXI no es ni ética ni políticamente defendible.

Si vamos al diccionario, *sostener* tiene dos significados principales, «mantener algo firme» y/o «prestar apoyo o auxilio». Las políticas sostenibles deberían haber prestado apoyo o auxilio a nuestra naturaleza a fin de mantenerla firme, parece que más bien, las políticas de la sostenibilidad han sido parches en nuestra acción de expoliar que han permitido seguir destruyendo y expoliando, pero a velocidad más lenta. La sostenibilidad ha dado carta blanca a la visión de una naturaleza proveedora de recursos, eso sí, desde el punto de vista de lo sostenible, debemos hacer todo lo posible para administrar del modo más eficiente esos recursos y permitir que nos duren en el tiempo. Para ello podemos apostar por una tregua ante determinadas acciones que socavan nuestra gallina de los huevos de oro. Políticas de sostenibilidad se han defendido en actividades productivas como la pesca, la llamada pesca sostenible. Pero estas políticas para nada profundizan en el valor en sí mismo de los peces o de nuestros mares. El 5 de marzo del año 2023 se firmó en la ONU el primer *Tratado Global de los Océanos*. Podríamos estar viviendo un giro de 180 grados en nuestra defensa de la naturaleza. Nada menos que 193 países se comprometieron a defender el 30% de los océanos para 2030. Defenderlos porque tienen un valor en sí mismo. Estamos ante un documento que quiere sentar unas bases legales, unos derechos de los océanos. Esperemos que tal tratado se pueda materializar, queda mucho por hacer, por ejemplo, los países han de ratificar formalmente el consenso alcanzado. La tarea más difícil viene ahora, se trata de implementar jurídicamente el tratado y de hacerlo de manera justa respetando la idiosincrasia y la dignidad de los océanos y, por supuesto, de toda la fauna y flora existente en ellos. A pesar de las buenas intenciones, no debemos olvidar que el gran escollo para llegar a un acuerdo, durante el debate de este tratado,

---

[60]   En los siguientes párrafos subrayaré mi punto de vista filosófico sobre la demarcación sostenible/sustentable. Ni que decir tiene que muchos teóricos han profundizado sobre este punto. A este respecto quisiera señalar los estudios de Jorge Riechmann en uno de sus trabajos señala al respecto: «La sustentabilidad, entendida como *viabilidad ecológica*, es un principio genérico, que puede luego especificarse en diferentes modelos económicos y órdenes sociales [...] Uno de estos modelos socioeconómicos más concretos sería el *desarrollo sostenible* definido en el "informe Brundland" de 1987» véase RIECHMANN, J., «Sostenibilidad: algunas reflexiones básicas», Documento preparado por J. Reachmann Para ISTAS y el departamento Confederal de Medio Ambiente de CC.OO., p. 3.

ha sido la redistribución de los beneficios económicos que se derivan del patrimonio genético de los océanos. Hasta ahora la mayor beneficiaria es la multinacional química más grande del mundo, la empresa alemana BASF[61]. Como podemos ver el mayor problema sigue siendo económico, lo que más preocupa es el reparto de beneficios, ante esto solo cabe pensar que seguimos sin asumir el principio que sería fundamental para dar un auténtico giro de 180 grados, a saber, que la naturaleza —en este caso los océanos— tiene valor en sí misma y, por lo tanto, tiene dignidad, tiene derechos.

Si lográsemos el objetivo apuntado por este *Tratado Global de los Océanos* —obviando el reparto de beneficios que se pretende sacar del *uso* de nuestros mares— estaríamos ante un caso de acercamiento, en el mejor de los casos, a lo que denomino *sustentable*. Ojeando de nuevo el diccionario, sustentar tiene dos significados destacados: «proveer a alguien del alimento necesario» y «conservar algo en su ser o estado». La segunda acepción me interesa sobremanera. Precisamente este segundo significado de sustentar remarca la distancia con las políticas de sostenibilidad. El desarrollo sostenible que va unido al capitalismo de crecimiento no ha buscado la conservación en su ser o estado de nuestro planeta —y de todos los seres vivos que lo pueblan. Todo lo contrario, ha provocado una serie de cambios en el ser de la naturaleza que la han conducido a su destrucción. El término *Antropoceno* para designar nuestra era actual, estemos o no de acuerdo con él, quiere subrayar las consecuencias del desarrollo sostenible: daños irreversibles, generados por el humano a una gran velocidad, en el clima y en la biodiversidad[62]. Los cambios acaecidos en nuestro planeta, gracias a la capacidad técnica, son y pueden llegar a ser radicales. Una vez más, la sostenibilidad se aleja de la sustentabilidad. La primera ha permitido y fomentado que la naturaleza cambie su ser, la segunda busca exactamente lo contrario.

Para mantener algo en su ser o estado, debemos estar convencidos de lo valioso de ese algo. Cuando el desarrollismo subyacente en las políticas de la sostenibilidad permite la pérdida de la biodiversidad, la disminución de masas forestales tan importantes como la de la Amazonía, el deshielo de los polos y la extinción de numerosas especies silvestres, es evidente que ese desarrollismo implícito en la sostenibilidad no está valorando a la naturaleza y a los demás seres vivos como fines en sí mismos. No se trata de remediar el caos y la expoliación generada prestando ayuda

---

[61] Véase una de las noticias relacionadas con el tema en https://efeverde.com/claves-tratado-sostenibilidad- altamar/

[62] El término *antropoceno* designando nuestra era se lo debemos al premio Nobel de Química Paul Crutzen. Hace referencia a la época en que la humanidad, gracias a la técnica, puede llegar a modificar de forma radical todo nuestro planeta. Nada más lejos del ideal de la sustentabilidad que busca «conservar algo en su ser o estado».

a la Naturaleza, ese es el error: ¿cómo es posible que primero destru-
yamos y, posteriormente, queramos paliar lo que tan fácilmente nosotros mismos estamos destruyendo? Se trata de no destruir, ese debería
ser nuestro punto de partida y nuestra primera premisa de actuación.
Nuestra acción ética no puede consistir en mostrar empatía hacia la
naturaleza cuando podríamos haber evitado el desaguisado que hemos
ocasionado. La auténtica acción ética consiste en hacer justicia y tratar
a lo diferente, en este caso a la naturaleza en general y a los animales no
humanos en particular, como fines en sí mismos, otorgándoles dignidad y, por lo tanto, derechos. Solo de esta forma podremos considerar
que la naturaleza es algo valioso, nada más y nada menos. Si asumié-
semos tal premisa, el *retroceso sustentable* no solo nos llevaría a parar
o retroceder ante determinadas propuestas tecnológicas, sino que lo
haríamos con el fin de respetar los derechos de algo tan valioso como
puede ser un árbol o un lince, y, por tanto, con el fin de mantenerlos
en su ser o estado.

Pondré un ejemplo de una propuesta biotecnológica que viola la idea
de la sustentabilidad y de la dignidad de los animales no humanos. Me
refiero al quimerismo[63]. El quimerismo es una enfermedad o trastorno
genético donde dos cigotos, tras ser fecundados, se combinan formando
uno solo y dando lugar a un individuo que posee dos constituciones
genéticas diferentes. No hay que confundir lo que sería una auténtica
quimera de lo que son animales transgénicos. Estos últimos se emplean
ya en la actualidad, son animales a los que se les incorpora en algunas de
sus células un gen humano[64]. El objetivo de esta técnica consiste en posi-
bilitar que estos animales transgénicos produzcan sustancias o medicamentos o que desarrollen determinadas enfermedades, como es el caso
de los oncorratones. A los animales no humanos que se les incorpora
células completas de otros organismos es a lo que se denomina quimera.
Si generamos un animal mezclando células embrionarias de dos individuos distintos, de la misma o de distinta especie, estamos permitiendo
la creación de una verdadera quimera. La investigadora francesa Nicole
Le Douarin fue una de las pioneras al mezclar células embrionarias de
diferentes especies[65].

---

[63]   Véase Quirós Alpízar, J. L., y Alpízar Miranda, K. E., «Quimerismo genético,
un nuevo paradigma para la medicina legal», *Medicina legal Costa Rica*, vol. 26, n.º 2,
2009. Versión online: https://www.scielo.sa.cr/scielo.php?script=sci_arttext&pid
=S1409-00152009000200005

[64]   El primer caso conocido de animal transgénico se remonta a 1974, momento en
el que Rudolf Jaenisch —profesor de biología en el MIT y fundador del Instituto White-
head de Investigación Biomédica— junto a la embrióloga Beatrice Mintz, crean un ratón
transgénico.

[65]   Le Douarin, N., *Des chimères, des clones et des gènes*, Paris, Odile Jacob, 2000.

En 2010 en la revista científica *Cell* se publicó un trabajo de investigadores japoneses liderado por Hiromitsu Nakauchi donde se mostraba el éxito obtenido abordando la obtención de quimeras interespecíficas, es decir, entre diferentes especies[66].

Otras dos fechas han de tenerse en cuenta en este tema tan controvertido, 2017 y 2019. Las dos fechas están asociadas al mismo investigador, el español Juan Carlos Izpisúa, investigador especializado en biología del desarrollo. En 2017 Izpisúa junto a su equipo anunciaron haber logrado desarrollar hasta los 28 días embriones de cerdos con células humanas. Se trataba de una quimera entre animal humano y animal no humano, no era la primera vez, como nos recuerdan muchos investigadores, pero la noticia se propagó generando ríos de tinta. En 2019 vuelve a aparecer una noticia sobre Izpisúa, el investigador y su equipo habían conseguido en un laboratorio chino crear quimeras de humano y mono, eso sí, su desarrollo embrionario se detuvo antes de nacer. En este mismo año supimos que el gobierno de Japón daba luz verde al equipo de Nakauchi para crear y llevar a término embriones de animales no humanos con células humanas.

Como vemos por la evolución que está llevando el tema, las verdaderas quimeras ya pueden estar entre nosotros. Puse este ejemplo de creación de quimeras como una clara muestra de una investigación no sustentable y aniquiladora de la dignidad de los animales no humanos. Una persona tecnooptimista o tecnólatra podría argumentar que la posibilidad de crear quimeras puede suponer un avance en el tratamiento de muchas de las enfermedades humanas o en la posibilidad de solventar la escasez de órganos para los trasplantes necesarios en humanos. Mi respuesta es obvia, este tipo de argumento sigue moviéndose dentro de la lógica de la dominación de lo diferente y, por supuesto, sigue sin entender lo que significa una justicia interespecífica. Un tipo de justifica como esta no solo piensa en el bien para el humano, sino, igualmente, en el bien para todos los animales no humanos. Sin llegar a este posicionamiento, un defensor del quimerismo en animales no humanos, podría defender que con estas prácticas buscamos el biomejoramiento del animal no humano. Este tipo de argumento me parece más peligroso.

¿Realmente estamos pensando en el mejoramiento del cerdo cuando creamos una quimera entre el cerdo y el humano? La defensa del biomejoramiento humano se hace, en gran parte de la investigación biomédica y tecnológica, teniendo en cuenta que el humano tiene dignidad, no tiene precio, tiene derechos, tiene valor en sí mismo, y, por lo tanto, se

---

[66] NAKAUCHI, H.; KOBAYOSHI, T. *et al.*, «Generation of Rat Pancreas in Mouse by Interspecific Blastocyst Injection of Pluripotent Stem Cells», *Cell*, vol. 142, Issue 5, 2010, pp. 789-799.

actuará siempre y cuando la intervención suponga claramente un bien para el humano. Es decir, esa investigación tiene que velar por los intereses del humano. ¿Ocurre esto mismo en el caso de los no humanos? Evidentemente, no. Cuando se habla de biomejoramiento del animal no humano se está defendiendo, claramente, prácticas tecnológicas y biomédicas que velan por los intereses del humano, pero no del animal no humano. Lo que me lleva a afirmar, de nuevo, que en este tipo de experimentación no se está tratando al animal no humano como un fin en sí mismo, sino como un medio para acrecentar el bienestar humano. Llegados a este punto no debemos ser tan cínicos como para negar lo evidente, a saber, que seguimos usando a los no humanos en nuestro exclusivo provecho. Estamos lejos de un posicionamiento justo con los no humanos. Tal postura nos llevaría a defender su valía y a mantenerlos en su ser o estado -objetivo de lo sustentable[67].

Los llamados tecnolibertarios y los ecomodernistas estarían en contra de la propuesta que he realizado en defensa de un *retroceso sustentable*.

El tecnolibertarismo o libertarismo tecnológico comienza su andadura en la década de 1990 en Silicom Valley, como no podría ser de otra manera, de la mano de los llamados *cyberpunk* de internet. En líneas generales, rechazan cualquier tipo de control o censura gubernamental hacia internet. Son defensores de lo que se conoce como *World Wide Web Free*, es decir, un acceso sin restricciones a la red informática mundial. Entre sus defensores iniciales cabe destacar a John Perry Barlow y a John Gilmore[68]. El primero es un ciberactivista estadounidense autor en 1996 de la *Declaración de independencia del ciberespacio*[69]. Gilmore —ingeniero, programador e informático teórico— fue uno de los fundadores de la Electronic Frontier Foundation. Todo el movimiento tiene en común posturas antigubernamentales con la pretensión de evitar cualquier exceso de regulación —más bien estarían en contra de cualquier regulación— y censura

---

[67] El quimerismo entre diferentes especies genera numerosos interrogantes y dilemas éticos. No entraré en este punto, pero no olvidemos que cabría reflexionar sobre las consecuencias de determinadas prácticas antes de dejarnos llevar por la fascinación que generan en nuestro imaginario. Por ejemplo, unas preguntas con tintes claramente éticos serían las siguientes: ¿una quimera entre mono y humano, donde se emplea material genético del cerebro humano, permitiría desarrollar a los no humanos una conciencia de tipo humana?, ¿hay certeza sobre las consecuencias o estamos ante un tema con muchas incógnitas?

[68] Una de las primeras críticas al movimiento tecnolibertario se lo debemos a la periodista y escritora especializada en tecnología Paulina Borsook. Véase BORSOOK, P., *Cyberselfish: A Critical Romp Through the Terribly Libertarian Culture of High Tech*, Michigan, PublicAffairs, 2000.

[69] BARLOW, J. P., «Declaración de independencia del ciberespacio», *Periférica Internacional. Revista Para El análisis De La Cultura y El Territorio*, 1(10), 2022, pp. 241–242. https://doi.org/10.25267/Periferica.2009.i10.22

en la red. La mejor política, desde su perspectiva, es aquella que defiende una red sin restricciones, sin censura y que, al mismo tiempo, es capaz de ver el libre mercado como la mejor opción económica. El comienzo de la declaración de Barlow es harto significativo:

> Gobiernos del Mundo Industrial, vosotros, cansados gigantes de carne y acero, vengo del Ciberespacio, el nuevo hogar de la Mente. En nombre del futuro, os pido en el pasado que nos dejéis en paz. No sois bienvenidos entre nosotros. No ejercéis ninguna soberanía sobre el lugar donde nos reunimos. No hemos elegido ningún gobierno, ni pretendemos tenerlo, así que me dirijo a vosotros sin más autoridad que aquélla con la que la libertad siempre habla. Declaro el espacio social global que estamos construyendo independiente por naturaleza de las tiranías que estáis buscando imponernos. No tenéis ningún derecho moral a gobernarnos ni poseéis métodos para hacernos cumplir vuestra ley que debamos temer verdaderamente[70].

Evidentemente el proyecto tecnolibertario no pasa el filtro de mi propuesta transhumanista crítica. Desde la visión de un libertario tecnológico, la regulación gubernamental debe ser mínima, situándose en las antípodas de mi reclamada regulación y de la teoría de la justicia que he ido exponiendo a lo largo de esta obra. La propuesta tecnolibertaria se encuentra más allá del bien y del mal:

> El Ciberespacio está formado por transacciones, relaciones, y pensamiento en sí mismo, que se extiende como una quieta ola en la telaraña de nuestras comunicaciones. Nuestro mundo está a la vez en todas partes y en ninguna parte, pero no está donde viven los cuerpos. Estamos creando un mundo en el que todos pueden entrar, sin privilegios o prejuicios debidos a la raza, el poder económico, la fuerza militar, o el lugar de nacimiento. Estamos creando un mundo donde cualquiera, en cualquier sitio, puede expresar sus creencias, sin importar lo singulares que sean, sin miedo a ser coaccionado al silencio o el conformismo. Vuestros conceptos legales sobre propiedad, expresión, identidad, movimiento y contexto no se aplican a nosotros. Se basan en la materia. Aquí no hay materia[71].

No voy a entrar a discutir en detalle los puntos claves del manifiesto. A estas alturas de mi relato, el lector se percatará de lo alejadas que están mis propuestas del tecnolibertarismo. Lo que sí me interesa subrayar es que este primer movimiento libertario tecnológico, que nació en relación con el campo de internet, se extiende hacia otros muchos proyectos tecnológicos. Proyectos posthumanistas derivados del transhumanismo tecnocientífico radical reclaman desregulación gubernamental e invitan a no poner freno a una investigación científico-tecnológica que debería seguir guiándose por el viejo lema «lo que se pueda hacer, se hará».

---

[70] *Ibid.*, p. 241.
[71] *Ibid.*, p. 241.

Desde mi propuesta transhumanista crítica, por supuesto que es necesaria la regulación gubernamental so pena de cometer verdaderos actos de injusticia hacia una gran parte de los seres vivos del planeta, humanos o no humanos. Lo que siempre olvidan los libertarios es que, si queremos una libertad real para todos, la libertad solo puede ser entendida como *no interferencia arbitraria* o como *no dominación*. En ocasiones debemos interferir para poder ser justos, es decir, en determinados casos, el Estado debe interferir para poder hacer justicia hacia determinados sujetos o colectivos. Solo cuando interferimos, no arbitrariamente, para poder dar libertad a los que no pueden ejercerla, estaremos garantizando la no dominación de estos mismos sujetos, humanos o no humanos[72].

Por su parte, los ecomodernistas han tenido una gran difusión de su proyecto sobremanera en los países anglosajones y, más concretamente, en Estados Unidos. Publicaron su primer manifiesto en el 2015 en las páginas del *New York Times*. La propuesta surge del *Think-tank* (tanque de pensamientos o comité de expertos) del Instituto Breakthrough[73]. Si entramos en la página web del instituto, podemos pinchar en un epígrafe denominado *Ecomodernism* donde leeremos el manifiesto publicado en 2015. En el inicio del texto se perfila uno de los objetivos fundamentales de este movimiento, a saber, aplicar con sabiduría el conocimiento y la tecnología a fin de alcanzar un buen antropoceno. Si seguimos leyendo, nos sorprenderá una de las siguientes afirmaciones: su rechazo al ideal de vivir en armonía con la naturaleza para evitar el colapso ecológico y económico. Con estas premisas en mente, ellos mismos se denominan ecomodernistas y ecopragmatistas.

¿Cómo entender las asunciones que proponen? En primer lugar, aceptan como algo natural la etapa que se ha denominado *antropoceno*, no se cuestionan la multiplicidad y la rapidez de los cambios que hemos introducido en la naturaleza. Esto no es malo en sí mismo, para ellos. Lo que pretenden es que ese antropoceno que estamos viviendo sea un *buen antropoceno*. ¿Cómo lo conseguiríamos? Desacoplándonos totalmente, o lo más posible, de la Naturaleza y, por lo tanto, no dependiendo de ella. Desligar los términos *bienestar humano* e *impacto ambiental*, este es el objetivo. Si consiguiéramos este desacoplamiento, «la totalidad del impacto de la humanidad sobre el medioambiente, incluyendo el cambio en el uso de la tierra, la sobreexplotación y la contaminación, podrían llegar a un tope en este siglo y luego empezar a descender»[74]. Con estos fines en mente, su propuesta se centra en potenciar la urbanización, la intensificación agrícola, la energía nuclear, la acuacultura y la desalinización. Todos estos «son

---

[72] VAN PARIJS, P., *Libertad real para todos*, Barcelona, Paidós, 1996.
[73] Véase https://thebreakthrough.org/
[74] *Ibid.*, p. 11.

procesos con un potencial probado para reducir la explotación de la naturaleza, dando así espacio a otras especies»[75]. Las tecnologías modernas nos ayudarán a potenciar estos procesos y, al mismo tiempo, nos permitirán reducir el impacto humano sobre la bioesfera. Como podemos percatarnos por su propuesta, apuestan por una modernización radical para ser ecológicos e incluso llegan a afirmar que, en contra de la opinión extendida, no ven la relación entre modernización, capitalismo, poder coorporativo y neoliberalismo[76].

La primera cuestión que debemos plantearnos ante las propuestas ecomodernistas es evidente: ¿en qué evidencias científicas, históricas, políticas o éticas, se basan para afirmar, en primer lugar, que la modernización no es la aliada del capitalismo y el neoliberalismo, y, en segundo lugar, defender que ciertos avances tecnológicos que nos permiten desarrollar ciertas prácticas como la energía nuclear, la desalinización o la agricultura intensiva, van a resolver el problema que estamos generando en la naturaleza? No existe ninguna evidencia científica ni argumentos desde la ecología política que apoye esta propuesta ecomodernista. Como señala Giorgios Kallis los orígenes filosóficos de este «monstruo» —calificativo que emplea el mismo Kallis— los podemos entresacar de la obra de Latour:

> Para Latour, no hay, y no debería haber, ninguna separación entre los humanos y la naturaleza. Latour argumenta que nunca hemos sido realmente modernos, en la medida en que la modernidad existente ha tratado de liberar a los humanos de la naturaleza e ignorar sus efectos sobre ella. Para llegar a ser verdaderamente modernos, tenemos que asumir la responsabilidad final de nuestras transformaciones de la naturaleza, de nuestros productos y de sus efectos: debemos controlar nuestros «Frankensteins» tecnológicos, dice Latour, en lugar de rechazar su producción[77].

Latour parece apostar por una modernidad sin complejos que acepte el reto de asumir que tan naturales son nuestros artefactos como lo que tradicionalmente se ha llamado natural. Los ecomodernistas derivan de estas afirmaciones de Latour que no hemos de preocuparnos del impacto de nuestros artefactos tecnológicos, al fin y al cabo, son naturales. Estos mismos productos y sus tecnologías asociadas, como la energía nuclear, nos servirán para salvar al planeta y a la humanidad.

No solamente no tenemos ninguna evidencia científica de que esta salvación tecnológica se vaya a dar, sino que nuestra historia occidental parece decirnos todo lo contrario. Por otro lado, quisiera denunciar una premisa implícita en el ecomodernismo. A saber, para que la propuesta

---

[75] *Ibid.*, p. 14.
[76] *Ibid.*, p. 23.
[77] KALLIS, G., «Ecomodernismo versus ecología política», 2016. https://www.ecologiapolitica.info/ecomodernismo-versus-ecologia-politica/

ecomodernista se asuma se tiene que aceptar la superioridad del humano sobre todos los demás seres vivos de nuestro planeta. El resto de naturaleza y de animales no humanos estarían a nuestro servicio, serían algo inferior a nosotros porque los estamos engullendo para generar otros productos al servicio del humano. No apuestan por justicia alguna de carácter interespecífica ni por proteger a lo diferente porque tenga un valor en sí mismo. Nos vienen a decir que desde que el hombre es hombre, eso llamado naturaleza ya dejó de existir.

Si sus tesis y conclusiones son ciertas, ¿para qué preocuparse por la naturaleza, si nunca existió?

La propuesta ecomodernista es un ejemplo más de hasta dónde puede llegar la justificación perversa de «lo que se pueda hacer, se hará». El planteamiento ecopragmatista se encuentra muy lejos de mi propuesta de poner límites a la actividad tecnológica cuando esta actúa injustamente hacia lo diferente, sea lo diferente la naturaleza o cualquier animal no humano que nos podamos imaginar.

Esto no quiere decir, ni mucho menos, que defender el transhumanismo crítico que propongo, unido a un tipo determinado de justicia y *retroceso sustentable*, sea una posición retrógrada. Por supuesto que no lo es. El cambio es necesario y el desarrollo científico-tecnológico también. Pero debemos tener muy claro si apostamos por un cambio que vaya de la mano de lo justo, o si apostamos por un cambio que siga anclado en la lógica de la dominación.

En una de mis anteriores obras, en concreto en *La conspiración de la ignorancia*, propuse por primera vez la necesidad de un *retroceso sustentable*. Para que se entendiera mejor el significado del término, siguiendo los planteamientos de una ética narrativa, hice referencia a una novela en donde bien podemos encontrar un ejemplo de lo que significa tal concepto. Me gustaría recuperar la referencia. Se trata de una novela de Alfredo Hernández García que lleva por título *El fósil vivo*[78]. Estamos ante una excelente novela utópica o distópica, según como se interprete, en la cuál el personaje central, un fósil vivo parlante llamado Ausonio, nos contará el colapso y la desaparición de una antigua civilización, la de los *rupestres*, tras la revolución de los llamados *sobresalidos*. Este grupo revolucionario era liderado por el Primer Decente, Modesto Bauer. Comenzaron su rebelión con el fin de instaurar la *decencia* y dar fin a la *indecencia* dominante:

> Una indecencia muy pestilencial invadía todos los rincones del pordoquier [...] hasta que un grupo de fulanitas allegados de dispares confines se reunieron entorno a su líder (Bauer) [...] Esto ocurrió en Hispalerdia, la patria chica del

---

[78] HERNÁNDEZ GARCÍA, A., *El fósil vivo*, Oviedo, Luna de Abajo, 2019. https://www.lunadeabajo.com/catalogo/luna-de-abajo-narrativa/el-f%C3%B3sil-vivo/

maestro. Dichos gigantes antropopitecos de pelo en pecho tenían por trofeo salvar el mundo, y ¡vaya que sí lo hicieron![79].

Lo curioso del caso es que cuanto más conocemos de la civilización de los rupestres, más nos damos cuenta de la semejanza con la nuestra. Una civilización donde la lógica de la dominación, con el androcentrismo y el antropocentrismo, impide cualquier atisbo de justicia. En la utopía relatada por Hernández los *sobresalidos* triunfan, consiguen establecer otro tipo de sociedad, la justicia marcará el rumbo del nuevo mundo.

¿Cuál es el precio que tienen que pagar los *sobresalidos* a ojos nuestros que, al fin y al cabo, no olvidemos, nos vemos reflejados en los *rupestres*? El precio para hacer triunfar la decencia, es decir, para que impere la justicia, a ojos nuestros, es un aparente retroceso. Digo aparente porque si cambiamos el orden de prioridades, no sería un auténtico retroceso, sino un avanzar. Esta es la paradoja: para avanzar en lo justo y en la eliminación de la lógica de la dominación, es preciso retroceder.

El final de la novela no deja de ser amargo, como ya comenté en su momento. La cuidadora de nuestro fósil vivo, María del Océano, hace ver a Ausonio que es un loco o un iluminado que no hace más que repetir lo que leyó en un libro.

Esperemos que apostar por un *retroceso sustentable*, unido a un transhumanismo crítico que defienda una justicia como la que vengo proponiendo, no acabe siendo una quimera más como la relatada por nuestro fósil vivo, Ausonio.

---

[79] *Ibid.*, p. 67. Paréntesis a cargo de la autora.